Friedrich E. von Gagern · Der andere Gott

Friedrich E. von Gagern

Der andere Gott

Christsein ohne Angst

Kösel

Zweite, durchgesehene Auflage 1990
©1990 by Kösel-Verlag GmbH & Co., München.
Printed in Germany. Alle Rechte vorbehalten.
Druck und Bindung: Kösel, Kempten.
Umschlag: Bine Cordes, Weyarn.
Umschlagmotiv: Ausschnitt aus »Die Beweinung
Christi« von Sandro Botticelli (nach 1490).
Alte Pinakothek, München.
ISBN 3-466-36331-4

Inhalt

Einführung

Das Suchen nach Gott wird erst dann zur Ruhe kommen, wenn wir ihn schauen. Bis dahin sind wir unterwegs. Und es gibt viele Wege zu Gott – auch Umwege. Seit es Menschen gibt auf dieser Erde hat Gott sich auf vielerlei Weise offenbart: In seiner Schöpfung; durch die Kraft seiner Ruach, des »Geistes über den Wassern«; durch Seher und Propheten; durch Jesus, seinen Gesalbten; und bis ans Ende der Tage fortlaufend durch seinen Heiligen Geist.

Die Menschheit hat sich im Verlauf der Millionen Jahre entwickelt und verändert. Damit haben sich auch die Gottesvorstellungen entwickelt und verändert. Ob matriarchale Göttinnen oder patriarchale Gottesvorstellungen: Es ist immer der gleiche Gott, der in seiner Schöpfung waltet und der auf so verschiedenartige Weise erfahren und verehrt wird.

Wenn wir hier über Gottesvorstellungen nachdenken, dann hilft uns hierbei manches Wissen der Tiefenpsychologie, viele Erkenntnisse der Vorgeschichtsforschung sowie theologischer Erarbeitungen, besonders der sogenannten feministischen Theologie. Über letztere kann man heute nicht mehr hinwegsehen; man muß sie ernst nehmen; sie ist hilfreich zur Erweiterung unseres Denk-Horizontes.

Solche befreienden Neueinsichten und überraschenden Erkenntnisse werden dann auch für unser persönliches Gottesbild und für unseren Glauben fruchtbar sein. Besonders angesichts der Stagnation oder sogar Regression im Denken der Lehrkirche.

9

Aus dem Erscheinungsbild des ortsüblich praktizierten Christentums sind Angst und Enge seit vielen Jahrhunderten nicht wegzudenken. Das dürfte jedem, der nicht seine Augen krampfhaft verschließt, offensichtlich sein. Aber die Angst ist vielen als Angst gar nicht bewußt, wie auch die Enge auf Grund des Atmens im zugesperrten Raum Gewohnheit sein kann. So mag es vielfach den Vertretern der Priesterkirche und der Hierarchie gehen. Nur wenn wir deren mannigfaltige Fehlverhaltensweisen auf dem Hintergrund neurotischer Ängste verstehen, dann haben sie ein anderes Gewicht der Schuld.

Christliche Existenz und Enge des Denkens müssen ja nicht notwendig miteinander verbunden sein, auch wenn uns diese Koppelung wohlvertraut ist. Leider entsprach es gar zu lang der von der Lehrkirche verkündeten »Religion«, daß die Vorstellung von Gott angstgeladen ist. Ich hoffe, im Verlauf dieser Überlegungen kann nachvollzogen werden, daß der von Jesus verkündete mütterliche Vater ein anderer Gott ist, als der Gott der Enge.

So liegt mir daran, um ein Bild des Papstes Johannes XXIII. zu gebrauchen, einige Fenster unseres kirchlichen Hauses zu öffnen, damit der Mief der Angst hinaus- und frische Luft der Zuversicht hineinkommen können. Ich hoffe, daß meine bruchstückhaften Versuche, trotz all der notwendig erscheinenden Vereinfachungen meiner Darlegungen, da und dort etwas aufleuchten, heller werden lassen.

I. Der Archetyp der Heiligen Drei

1. Die drei heiligen Männer
Nach einer russischen Erzählung

Es war einmal auf einer Insel im Russischen Meer, da lebten drei alte fromme Männer. Der Ruf ihrer Heiligkeit war derart verbreitet, daß von überall her Menschen kamen, um mit ihnen zusammenzusein und ihnen Verehrung zu erweisen. Sogar der Bischof, der Metropolit, erfuhr von solchem Zulauf, und er beschloß, zu einer Visitation dorthin zu fahren.

Schon als sich sein Schiff der Insel näherte, sah er am Strand die Gestalten der drei Männer. Sie hatten die Arme zum Willkomm ausgebreitet. Und als der Metropolit den Boden betrat, da warfen sie sich in Ehrfurcht vor ihm nieder. Er hieß sie aufstehen, umarmte sie; und dann gingen sie zu ihrer Hütte. Dort boten sie ihm zu seiner Erfrischung Brot und würziges Salz und Wasser aus der nahe gelegenen Quelle.

Nach kurzer Weile kam der Bischof mit seiner Frage: »Man sagt«, so sprach er, »daß Ihr Gotteserfahrung habt, ja daß Ihr ihn schaut. Könnt Ihr mir davon erzählen?«

Die Drei sahen sich erst etwas ratlos an. Dann sagte der Älteste: »Wir freuen uns an Gott, wenn die Sonne scheint; und wir freuen uns an Gott, wenn der Regen rauscht. Wir freuen uns an Gott, wenn der Tag leuchtet, und ebenso, wenn das Dunkel der Nacht uns umfängt.« – Und der Zweite fiel ein: »Ja, wir freuen uns an Gott, wenn es im Frühling grün wird und an den Bäumen die jungen Blättchen kommen; aber auch im Herbst, wenn das bunte Laub abfällt. – Wir freuen uns an Gott, wenn wir sehen, wie unsere Wasserquelle sprudelt, und auch, wenn das Korn reift und die Äpfel saftig werden.«– Und der Dritte sprach: »Ja, wir haben viel Freude an Gott, auch wenn die Gläubigen kommen mit ihren Gaben. Und wenn wir dann beieinandersitzen; dann singen und beten wir gemeinsam; und wir essen und trinken miteinander.« – »Viel Freude, für die wir dankbar sind«, ergänzte der Älteste. Dann schwiegen alle eine Weile.

Bis der Metropolit weiterfragte: »Betet Ihr gemeinsam? Wie betet Ihr?«– »Ja, wir beten zusammen«, – und nach einer kleinen Pause der Schamhaftigkeit sprachen die drei Alten gemeinsam und leise: »Wir sind drei – Ihr seid drei – Macht uns frei!«– »Ist das alles? Nichts weiter?« erstaunte sich der Bischof, fast bestürzt über soviel Einfalt und Primitivität.

Nein, so konnte er sie nicht lassen. Er fühlte sich verpflichtet, sie über die Lehren der Kirche zu unterrichten. Insbesondere und gleich mußte er sie im rechten Beten unterweisen. Und er begann mit dem Pater-noster, Satz für Satz. Die drei Alten waren derart voller Eifer, daß ihnen die Ohren glühten und auf den Stirnen sich kleine Schweißperlen bildeten.

Nach längerer Zeit meinte der Metropolit, nun sei es wohl genug. Er verabschiedete sich und ging zu seinem Schiff zurück. Das legte ab. Aber noch war es nicht weit ins freie Meer gekommen, da sah man drei Gestalten. – Hand in Hand liefen sie über das Wasser hinter dem Schiff her. Der Bischof ließ beidrehen. Als sie nahe genug herangeeilt waren, riefen sie: »Herr, Herr! Wie geht es weiter: Geheiligt werde Dein Name – und dann? Wir wissen es nicht mehr!«

Voller Ergriffenheit warf sich der Kirchenfürst auf die Planken seines Schiffes nieder, so daß seine Stirne den Boden berührte. »Betet weiter so, wie ihr es immer getan

12

habt«, so rief er. »Gott hört Euch. Und Gott hat Freude an Euch.«
Erleichtert verneigten sich die Drei und gingen über das Wasser wieder zu ihrer Insel zurück. Hand in Hand.
»Wir sind drei – Ihr seid drei – Macht uns frei!«

2. »Macht uns frei« – Erlösung aus der kirchlichen Enge

Drei alte fromme Männer leben in der Gegenwart eines schenkenden, eines gönnenden, eines erfreuenden Gottes. Ihr Leben ist heiteres Danken. Natürlich kennen auch sie allerlei Beschwernisse und Entbehrungen. Natürlich leiden auch sie unter Krankheiten und unter den mannigfaltigen Nöten des Alters. Auch ist ihre kleine Gemeinschaft durchaus nicht frei von allerlei zwischenmenschlichen Störungen, wie sie sich so ergeben, wenn man eng aufeinander verwiesen ist. Aber für all das Ungute machen sie nicht Gott verantwortlich. Sie denken nicht, wie man das vielfach hören kann, daß Unglück, Krankheit, Armut und Leid, also folgerichtig auch Dummheit, Enge, Sünde von Gott geschickt, von ihm gewollt oder »zumindest zugelassen« sind. Sondern in Gott finden sie immer wieder zusammen, finden ihre Mitte; finden das, was sie eigentlich sind.
Und darum trifft sie die Frage des Metropoliten hart: Ist euer primitives Beten alles, was ihr Gott zu sagen habt? Ist dieses Stammeln eure ganze Antwort? Meint ihr, so etwas sei vor Gott gültig? – Der Bischof ist echt erschrocken, weil da bei denen, die im Volk als »heilige Männer« gelten, so gar wenig an greifbarer, an kirchlicher, gar an tradierter Form des Betens zu finden ist. Er ist beunruhigt, fühlt er

sich doch als Hüter der Beziehung zu Gott, zu ihrer Form und Gestaltung.

Die Frage nach der »Gültigkeit« beunruhigt viele Christen in ihrer Sorge, es »recht« zu machen. Die Frage nach Gültigkeit treibt sie möglicherweise in die Enge unlebendiger traditionalistischer Absicherungen. Und sie sondern sich dabei ab, weg vom lebendig sich wandelnden Geist des mystischen Leibes.

Spüren wir nicht in dieser Sorge eine Ängstlichkeit, die vielen von uns bekannt ist? Spüren wir nicht damit notwendig verbunden die Vorstellung eines ängstigenden, eines bedrohenden Gottes? Vor ihm muß man auf der Hut sein, um nicht vielleicht doch noch dem unerbittlichen Gericht zu verfallen. Darum möchten wir uns gegen unsere Ängste, also eigentlich gegen ihn, absichern durch genauestes Befolgen von Regeln und Gesetzen.

Hatte Paulus ähnliches vor Augen, als er im Römerbrief vom »Gesetz zum Tode« schrieb? Wußte er doch aus eigener Erfahrung, daß es dem Formalismus an lebendigem Blut fehlt und daß der Legalismus in Erstarrung führt. Und er hatte verstanden, mit welchem Einsatz und Eifer der Herr immer wieder für die lebendige Beziehung zu Gott eingetreten ist.

Meist wird der Grund für legalistisches Denken und Verhalten bereits in der Kindheit gelegt. Wer kennte nicht von sich oder anderen die Fixierung auf die Kollektivmoral: Man darf nicht – man muß doch – das gehört sich nicht! Hier wird mehr danach gefragt, »was die Leute denken«, als nach dem, was man selbst für recht hält, also nach dem eigenen Gewissen. Die Verpflichtung, man könnte auch sagen: der Zwang zu konventionellem Verhalten, geht – gerade bei »braven« Kindern – oft nahtlos über in die Erstarrung höfischer oder liturgischer Formen.

Was wohl würden solchermaßen ernsthaft bemühte Menschen sagen zu dem Gebet der drei Alten? Würden sie nicht

– ähnlich dem Metropoliten – mit Fug und Recht meinen, daß dies doch kein »richtiges«, kein christliches und schon gar kein kirchliches Beten sei. – Wenigstens das Pater-noster solltet ihr lernen!

Die kleine Erzählung von den drei Alten hat uns bereits mitten in das Thema unserer Überlegungen geführt. Wir begegnen hier einer Gottesvorstellung und Gotteserfahrung, die das ganze Dasein der drei alten Männer umfaßt; einer Gottesfreude, die alles durchleuchtet, was der Alltag an Gutem zuteil werden läßt. Und das alles ist aufgebaut auf dem Gottesbild der Dreiheit. Sie gewähre den Geist der Freiheit, der inneren Weite und Offenheit sowie der Toleranz. So bitten sie.

Diesem Geist steht entgegen der Geist der Enge. Und Enge hat mit Angst zu tun. Es ist das gleiche Wort. Es drängt sich uns die Frage auf, steht im Hintergrund der doch vielfach bedrohlichen Enge des Denkens in der Kirche die Vorstellung von einem ängstigenden Gott? Müssen wir trotz aller Glaubensbekenntnisse einen realen Mangel an Gottvertrauen feststellen? Wie ist das mit der von Nietzsche apostrophierten »Unerlöstheit« der doch angeblich Erlösten? Haben sie in Wirklichkeit Angst vor dem Gott, von dem sie sagen, er sei »Liebe«?

In unserer Geschichte wird am Ende von einer Erlösung berichtet, von einem Umdenken, einer Bekehrung. Als dem Metropoliten die Heiligkeit der drei Alten offenbar wird, da fällt es ihm wie Schuppen von den Augen, und er erkennt, Gott sieht durch alle Form oder Formlosigkeit hindurch; er sieht das Herz. Es geht nicht um Worte – sie sind immer nur ein Stammeln – , sondern um das Leben: »Im Geist und in der Wahrheit« (Joh 4,23).

So wird der Bischof erlöst aus einer tradierten Enge des Denkens und seiner kirchlichen Vorstellungen. Er erkennt den Pluralismus der Möglichkeiten, in Gott zu leben. Nicht so leicht ist es also, einen genauen Weg als den einzig richtigen vorzuschreiben – *es gibt viele Wege.* Und nicht nur der von mir als für mich richtig erkannte Weg ist für alle der einzige.

Auf den Knien gewinnt der Bischof die innere Freiheit der Toleranz, womöglich ein anderes Gottesbild.

3. Die dynamische Drei – Zahl des Lebens – Zahl Gottes

Es ist etwas Merkwürdiges um die Zahl Drei, um die Dreiheit. Sie ist unserem Alltag aus vielen Gegebenheiten vertraut. Das fängt schon bei den Kinderspielen an; beim Abzählen, beim Abschlagen des Dritten, beim Dreisprung.

– Ich zähle bis drei, dann geht's los. –

Oder denken wir an die Drei im Märchen! Drei Rätsel oder drei Aufgaben muß der Prinz lösen, wenn er die Prinzessin gewinnen will. Gelingt ihm das nicht, verliert er den Kopf.

– Der König hatte drei Töchter, die waren alle schön. Die jüngste aber... Der Müller hatte drei Söhne... Der jüngste aber... Oder die drei goldenen Haare des Teufels machen es möglich. Oder: Du hast drei Wünsche frei... Drei Tiere sind hilfreich bei dem schweren Unterfangen... Beim dritten Anlauf gelingt die schwierige Aufgabe. Die dritte Feder führt zum Glück... Nach der dritten Nacht ist das verwunschene Schloß oder die verwunschene Prinzessin erlöst. –

Wir sehen: Aller guten Dinge sind drei.

Im Mittelalter galt die Drei als »Numerus perfectus«, als die vollkommene Zahl, die Zahl der Vollkommenheit. Sie konnte auch soviel bedeuten wie »Alles«. So wie ein Kind zählen mag: Eins – zwei – alle, wenn es »noch nicht bis drei zählen« kann. Bei diesem »Alles« mag uns aus christlichem Denken das »Omnia« Gottes in den Sinn kommen. *Die Zahl Drei als Zahl Gottes?*

Drei Spiralen an der Innenwand des Mittelraumes von
»Newgrange«, Irland, ca. 2000 v. Chr. Die Spirale ist ein Bild
fortwährender Bewegung und damit des Lebens, denn beide
sind eines: fortwährende Schöpfung und Vernichtung der Welt;
Tod und Wiedergeburt; Einatmen und Ausatmen; Spannung und
Entspannung in fortwährender Unruhe – wie die Unruh einer
Uhr; Verschmelzung dynamischer Gegensätze; Energiestrom
und Wirbel; und zyklisch wie jedes Ganze zyklisch ist.

17

Seit alters durchdringt die Dreigliederung alles Geschaffene: Anfang – Mitte – Ende; Geburt – Leben – Tod; Vergangenheit – Gegenwart – Zukunft. Wir spüren das Dynamische des Vorganges. Auch bei dem Denk-Dreischritt: These – ihr entgegenstehende Antithese – vereinigende und bereinigende Synthese. Voraussetzung – Behauptung – Beweisführung.

Der Mensch selbst erfährt sich in drei Aspekten seines Seins als Leib, als Seele und als Geist. *Romano Guardini* schrieb über den Leib, er sei »offenbar werdende Innerlichkeit, sichtbar werdende Seele, anschaubar werdender Geist«. Oder denken wir an unsere innere Dreiheit: Das empfindungsfähige Gemüt, der entscheidungsfähige Wille und die erkenntnisfähige Vernunft. Oder Glaube, Hoffnung und Liebe, diese drei.

Die Urfrage menschlichen Denkens: Woher komme ich – wo bin ich – wohin gehe ich – ist wieder eine Dreiheit. Dabei ist das Fragen nach der eigenen Existenz und, in deren Gefolgschaft, nach der Sinnhaftigkeit unseres Inder-Welt-Seins, bewußt oder unbewußt, ein Fragen nach dem Ursprung allen Lebens; nach dem, der in und über unserem Dasein waltet, also nach dem Göttlichen.

Seit der Mensch denkt, also seit er eigentlich Mensch ist, sucht und tastet er nach dem Urheber des Lebens; nach dem, was über ihn hinausgeht, nach dem Transzendenten. Und es ist immer der gleiche Gott, den der homo sapiens sucht – wo auch immer; ob man das Alter der Menschheit auf 500 000 oder 5 Millionen Jahre schätzt. Freilich, entsprechend der Entwicklung der Denkmöglichkeiten der Geschöpfe verstanden und mißverstanden, gedeutet und mißdeutet. Und das bis zum heutigen Tag. *Es ist immer und überall der gleiche Gott.*

4. Der Bärenkult

Gottesvorstellungen müssen schon in früher Zeit das Leben der Menschen bewegt haben. Nachweisbar ist dies freilich erst da, wo wir Hinweise auf Opferrituale finden. Manche Paläontologen glauben, Tieropfer bis zurück in eine Zeit vor 600 000 Jahren nachweisen zu können.

Eine der frühesten Kultformen, die wir kennen, ist der Bärenkult. Ein merkwürdiges Tier ist der Bär. Wenn du ihn häutest, sieht er dem Menschen erschreckend ähnlich, dem »Bärenhäuter«. In unseren Volksmärchen taucht der Bär vielfach auf als ein dem Menschen nahes Tier. Er kann weinen – richtige Tränen. Mit dem »Herren der Berge« steht er in seltsamer Verbindung. Der Tunguse begegnet ihm noch heute mit Achtung, mit Scheu, ja, mit Ehrfurcht. Er hat eine Seele, sagen die Orotschon, die Rentiertungusen, von denen es in der Mandschurei nur noch etwa 200 geben soll. Man darf ihn nicht bei seinem Namen nennen.

Ivar Lissner ging in seinem Buch »Aber Gott war da« auch dem Bärenkult nach und berichtete von den »Bärenfesten« in heutiger Zeit, wie er selbst sie bei den Ainus auf der Insel Hokkaido miterlebte. Die Frauen der Ainus auf der Insel Tarkai seien noch heute Bärenliebhaberinnen. In keinem Haus fehle dies Lieblingstier. Das Volk meint, die Frauen säugen es insgeheim.

Der berühmte japanische Tungusenforscher *Torii* ist der Ansicht, daß die Ainus den Bärenkult von den Giljaken übernommen haben. Soweit dieser Kult gepflegt wird, herrscht eine die Roheit der Sitten mildernde Religion. Die Menschen zeichnen sich aus durch Ehrbarkeit, freundliches Wohlwollen, Gastlichkeit und Friedfertigkeit.

In seinem Buch »Der Bär in den Religionen des Altertums«, erschienen 1863 in Basel, hat *J. J. Bachofen* sorgfältig zusammengestellt, was er in der frühen griechischen und römischen Literatur an Hinweisen auf den Bärenkult finden konnte. Es standen ihm damals nur literarische Quellen und Bilddarstellungen, z. B. auf Münzen, zur Verfügung. Prähistorische Ausgrabungen und Funde, die ihm hätten dienlich sein können, waren damals unbekannt.

Es fiel *Bachofen* auf, daß immer von »der Bärin« die Rede war. *He arktos* (weiblich) hieß der Bär bei den Griechen; *Ursa* bei *Virgil* und *Ovid*. *Herodot* betont, daß die Bärin kein Attribut der Göttin gewesen sei, sondern selbst göttlicher Natur: Muttergöttin.

Die Bärin ist gekennzeichnet durch die Betonung der ethischen Mütterlichkeit. Sie steht nicht so sehr für die weibliche Fruchtbarkeit, sondern mehr für Sorgsamkeit in der Pflege der Geborenen; man könnte sagen, für Naturweisheit. Weit verbreitet (*Plinius, Solinus, Aelian, Plutarch, Virgil*) ist die Vorstellung, das Bärenjunge komme unfertig auf die Welt; dann werde es von der Mutter beleckt und erst dadurch zur vollendeten Tiergestalt ausgebildet. Sagt man nicht noch heute, ein Mensch sei »unbeleckt«, wenn man damit seine Unfertigkeit kennzeichnen möchte?

Bachofen zeigt die Identität der Bärin mit der Großen Göttin Kybele. Den Bärenkult versteht er als Dienst an der großen Göttermutter. Bärenkult ist in Vorderasien bis Syrien, Mysien, Phrygien, Arkadien, Kreta und der südlichen Peloponnes nachweisbar. Die *Arkteia*, die »Einbärung« der kleinen Mädchen zwischen 5 und 10 Jahren wird in Attika noch 200 n. Chr. erwähnt. Dabei handelt es sich um ein Weiheritual, eine Vorbereitung auf die spätere Mutterschaft, auf die Pflege und Erziehung der nächsten Generation. Die eingeweihten Mädchen werden dann »Bärinnen« genannt.

Besonders bemerkenswert erscheint mir, daß auch in unseren Alpenländern der Bärenkult gepflegt wurde. In den Schweizer Kantonen St. Gallen und Appenzell hat man

Bären-Kulthöhlen gefunden. So im Wildkirchli in einer Höhe von fast 1500 m; dann in den Churfirsten im Wildenmannlisloch auf ca. 1650 m Höhe; und im Drachenloch ob Vättis im Tamina-Tal in der Höhe von 2450 m. *Emil Bächler* fand im Drachenloch, dessen sechs Räume bis 70 m tief in das Innere des Felsens führen, u.a. Steinkisten, die im Altpaläolithikum zusammengefügt wurden, also in der Zeit, da der Neandertaler lebte, etwa vor 70 000 Jahren. Er öffnete eine Kiste, in der sieben gut erhaltene Bärenschädel von Menschen der Steinzeit aufeinandergeordnet waren, die Schnauze gegen den Höhleneingang gerichtet. Insgesamt fand man in den Schweizer Höhlen Skelettreste von etwa 1000 Bären. Man kann sich die Ansammlung und Anordnung der Knochen nicht anders erklären als im Zusammenhang mit Kultopfern und sieht den Beweis erbracht, daß vor 70 000 Jahren hier Gott verehrt wurde (vgl. *I. Lissner*).

Vor etwa 20 000 Jahren soll der Bärenkult einen auffallenden Wandel erfahren haben. *I. Lissner* glaubte nachweisen zu können, daß von da an nicht mehr die wertvollsten Teile des Tieres dem Gott geopfert wurden, sondern daß das Tier möglicherweise als Mittler zwischen Gott und Mensch angesehen wurde. Und dieser Mittler wurde in ritueller Zeremonie gefangengenommen, gepeinigt und schließlich getötet und gegessen. Dadurch erhielt der Mensch Teilhabe an seiner Mittlerschaft und Verbindung mit Gott.

Bei *Bachofen* finden wir drei (andere) Entwicklungsstufen der dem Bärenkult zugrundeliegenden Vorstellungen. Die erste sei tellurischer Natur, betreffe demnach das Muttertum der Erde und der ihr zugeordneten finsteren Nacht (Tellus = Erde). – Die zweite habe uranische Bedeutung (Uranos = der vergöttlichte Himmel). Hier tritt die Bärin auf als lichtgebärende Leukothea. Als lichtgebärende Mutter wird die Bärin mit der weißen Farbe in

Verbindung gebracht, was *Pausanias* bezeugt. – Und als Drittes: Die Mutterschaft gründet auf der natürlichen Erscheinung der Lichtgeburt und wird zu Delphisch-Apollinischer Verknüpfung weitergeführt. Wir dürfen hier wohl den Hinweis auf den Wandel vom Matriarchat zum Patriarchat erkennen. Dieser Wandel ist auch in anderen mythologischen Überlieferungen sichtbar. So, wenn die Bärin von Tieren »höherer Ordnung« und klarer »Lichtbeziehung« abgelöst wird, so z.B. vom Hirsch mit seiner lunaren Bedeutung oder vom Löwen mit seiner solaren Natur. Ich möchte glauben, den Wandel bereits darin erkennen zu dürfen, daß früher die Bärin Göttin war und dann Opfertier geworden ist. Diesem Abwertungsvorgang werden wir auch später noch begegnen.

5. Bildschau

Im Verlauf der menschlichen Entwicklung hat auch das Denken eine Wandlung erfahren. Forscher der Vorgeschichte verweisen darauf, das Denken des Menschen der Frühzeit sei zu vergleichen etwa mit dem von primitiven Stämmen in der Gegenwart. Neigen wir heute mehr zu einem analytischen Denken, so möchte ich die vorzeitige Denkweise als *zusammenschauend* bezeichnen. Heute mehr *erfassend,* früher eher *vernehmend;* heute eher abstrahierend – früher mehr in Bildern denkend, man kann sagen: erlebnisnäher. *Ein* Bild umgriff eine ganze zusammengehörende Erlebniswelt. Und alles, was in diese Erlebniswelt hineingehört, klingt an, wenn auch nur *ein* Teil vernommen wird.

Ich möchte das an einem Beispiel verdeutlichen. Da ist das Bild eines Dreiecks; in Stein geritzt, wie in den Kulthöhlen, oder mit Holz oder Lehm geformt. Für den frühen

22

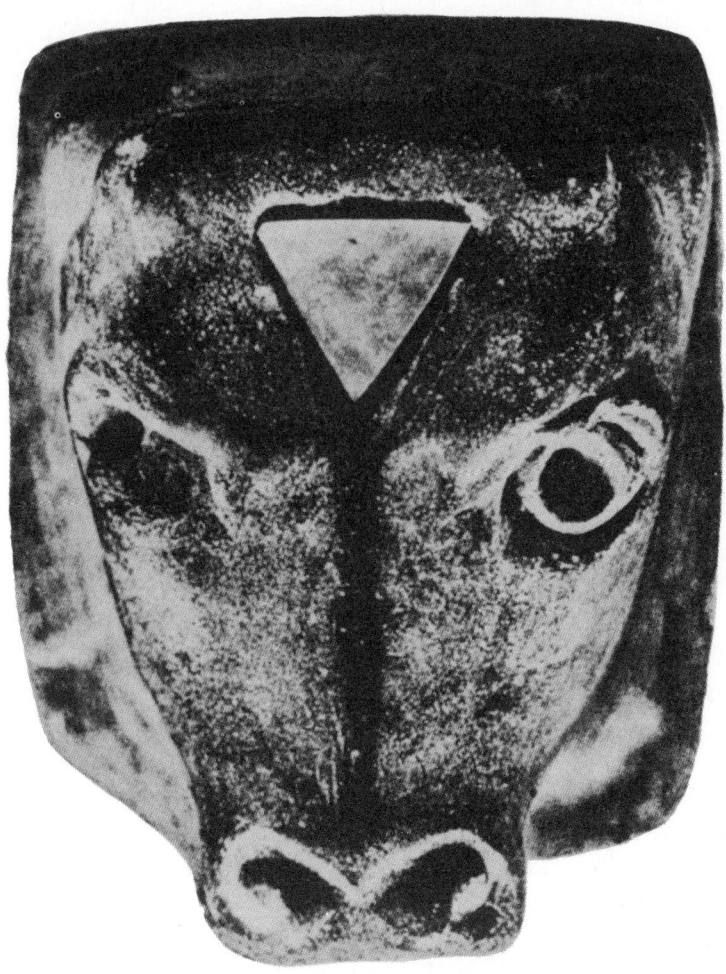

Stierprotom am Thron der Göttin Ischtar. An der Stirn ist eine
helle dreieckige Muschelplatte eingelegt. Aus Mari, Mitte des 3.
Jt. v. Chr.

Menschen hat solche Dreiheit ehrfurchtgebietenden, numinosen Charakter. Es erscheint ihm als Zeichen des Mondes in seinen drei Phasen des wachsenden, des vollen und des bis zum Neumond abnehmenden Gestirns, das er als Lebensgestirn verehrt. Es ist ihm ein Bild für das Eingeordnet-Sein in den Strom der Zeit und damit größerer Lebenszusammenhänge: Wachsen, Reifen, Ernte. Mondzyklus und Zyklus der Frau; Mysterium der Mutterschaft, des Lebens. Bild überhaupt für das Leben mit Werden, Fülle des Seins und Vergehen. – Aber auch der Wiedergeburt, und damit Zeichen der Hoffnung. Das Dreieck ist als Bild für das weibliche Genitale bekannt. Auch in ihm leuchtet alles auf: das *ganze* Leben, Geburt und Wiedergeburt. Blutstrom – wie der Wasserstrom von der Quelle bis zur Mündung: Lebensstrom; Regen und Fruchtbarkeit. Im Bild des Dreiecks auch die Schlange, in deren Häutung das Neuwerden sichtbar wird. Auch sie Symbol für Wiedergeburt und dem Wasser zugeordnet. Sie gilt als Attribut der Großen Göttin, die über allem Leben waltet, die Große Mutter, die Heilige Mutter.

6. Die göttliche Triade

Auch die Gottheit erscheint trinitarisch: Als die weiße, die jungfräuliche Göttin des Frühlings, des werdenden Lebens. Sie wird transparent im zunehmenden Mond, in allen Erlebnisweisen des wachsenden Jahres, in den Krokussen wie in der Apfelblüte, im frischen Grün der Wiesen wie in den jungen Blättchen an Bäumen und Büschen. – Dann die rote, die vollreife Göttin des Sommers; mütterlich-fruchtbar, das Leben gebärend, wie auch Schutzgöttin der Gebärenden; mit vollen, spendenden Brüsten; freundliche, gnadenschenkende hohe Frau; vollsaftig in ihrer

Rundheit wie der volle runde Mond. – Und schließlich die schwarze Göttin der Weisheit, des Alters und des Vergehens. Der abnehmende Mond. Göttin des erfüllten Lebens und damit des Todes; auch die verschlingende Göttin der Unterwelt.

Weiß, Rot und Schwarz sind die Farben des Matriarchats. Die Namen der Göttinnen sind je nach Völkern und Mythen verschieden. Aber die Dreiheit, die Triade begegnet überall, die »Heilige Drei« – Selene, Aphrodite, Hekate. Kore, das Mädchen; Persephone, die den Hades liebte; und die alte Göttin Hekate, Prototyp der späteren Hexen. – Oder wie sie alle heißen, deren Mythen Deutungen der Welt und des Lebens sind – und des Todes!

7. Die Widersprüchlichkeit des Seins

Das ganze menschliche Sein und Leben ist niemals eindeutig. Wir sind widersprüchlich in unserem Charakter; sind dieser und der ganz andere, sind hell und dunkel zugleich; streben nach oben und haben ebenfalls den Hang nach unten; wurzeln im Boden und strecken uns zum Himmel aus.

Auch Haß und Liebe können nebeneinander stehen; schon im Verhältnis von Kindern zu ihren Eltern, aber auch sonst in starken Beziehungen. So auch steht die *Mater amabilis,* die liebenswerte Mutter, neben der *Mater terribilis,* der erschreckenden Mutter. Steht die alles Leben gebärende Große Mutter neben der verschlingenden Göttin der Unterwelt. Im Bild des verschlingenden Drachens begegnet sie uns in Mythen und Märchen rund um das Mittelmeer. Manche Männer träumen ihre Angst vor der Frau, die ihnen die Potenz nimmt, wenn sie sich mit ihr einlassen, im Bild der »vagina dentata«, der gezähnten Scheide, die den Zähnen des Drachens ähnlich ist. Die von *Freud* herausgearbeitete »Kastrationsangst« hat ähnliche Wurzeln.

Die Doppelwertigkeit, die Ambivalenz, erschreckt manche Menschen, wenn sie ihrer bei anderen oder gar bei sich selbst gewahr werden. Aber beides gehört zusammen; so auch Leben und Tod. *Jedes Heute muß sterben, damit das Morgen heraufkommen kann.* Angst vor dem Leben bedeutet Angst vor dem Tod – und umgekehrt.

8. Die Große Mutter und ihr Sohn – ein Mythos

In alten Mythen wird vielfach ein Vorgang geschildert, der trotz aller Verschiedenheiten der Berichte auffallende Übereinstimmungen zeigt. Da geht es um die Große Mutter, die ein Kind empfängt; sei es von einem Gott, sei es ohne Mitwirkung eines Mannes als Jungfrau in Parthenogenese. Sie gebiert einen Sohn. Dieser gibt dann später in freiwilligem Selbstopfer sein Blut, sein Leben hin für sein Volk. Durch sein Blut, durch seinen Opfertod überwindet er die Todverfallenheit der Menschen. Im kommenden Jahr wird er von der Mutter-Göttin zu neuem Leben erweckt.

Leben und Tod sind keine Gegensätze, sondern Gestaltwandel. Wie das gesäte Weizenkorn sich hingibt und stirbt, um vielfältige Frucht zu bringen, so ist auch der Tod des Sohnes notwendig, damit das Volk fruchtbar werde.

Im kultischen Ritus wird der »Sohn« vom König dargestellt. Er vertritt die Menschheit, wie die Priesterin die Göttin. Beide vereinen sich alljährlich im feierlichen Ritual der *Heiligen Hochzeit,* damit das Land lebe und fruchtbar sei. Dann gibt der Heros-König sein Blut hin für sein Volk. Und

im kommenden Jahr tritt ein Nachfolger an seine Stelle, und alles wiederholt sich. Mein Blut für euch!
Solche Rituale sind in variierend abgeänderten Formen bekannt von Indien bis Irland und bis Mittelamerika (vgl. *Heide Göttner-Abendroth*, Die Göttin und ihr Heros).

9. Glaube an Leben nach dem Tod

Daß vor etwa 80 – 100 000 Jahren auch schon der Neandertaler an ein Weiterleben nach dem Tod bzw. an Wiedergeburt glaubte, hält man heute für erwiesen. Man kennt aus dieser Frühzeit rituelle Totenbestattungen. Weit verbreitet war es, den Leichnam mit Ocker zu bestreuen: von Usbekistan bis Portugal, in der Bretagne, in Afrika bis zum Kap der Guten Hoffnung, in Amerika und Australien, in Feuerland und Tasmanien. In zahlreichen Fällen wurde der Tote in foetaler, embrionaler Position bestattet; auch dies ein Hinweis auf den Glauben an Wiedergeborenwerden. Überwiegend waren die Leichen ost-west-orientiert beerdigt, das Gesicht dem neuen Tag zugewandt.

Ocker wird vielfach als Farbe des Blutes gedeutet, öfters noch als Farbe der Gestirne, deren Vergehen und Wiedererscheinen beobachtet wurde. Aber beides hat den gleichen Bedeutungsinhalt: Leben.

Auch die Grabbeigaben, die allenthalben gefunden wurden, machen evident, daß der Glaube an ein Weiterleben nach dem Tode bzw. an ein Wiederlebendigwerden dominant war.

Aus dem Jungpaläolithikum kennt man als Grabbeigaben z.B. drei auffallende Steine oder Werkzeuge. Ja, oft sind auch drei oder gar dreimal drei Gräber nebeneinander angelegt. Oft findet man in den Gräbern Muscheln oder Kauri-Schnecken, welche die Gestalt der weiblichen Vulva haben. Heute wird weltweit die Darstellung der Vulva als Symbol für Leben, für Geburt und Wiedergeburt gedeutet. Solche Darstellungen findet man auch in den Höhlenmalereien, deren Alter von 9000 bis 30 000 Jahren angesetzt wird. Ob in Asturien oder am Don, ihr Charakter ist der gleiche und hat sich in tausenden von Jahren nicht wesentlich verändert.

10. Kreuz, Kreis und Mond: Kulthöhlen in Frankreich

Besonders im Herzen Frankreichs kennt man etwa 2000 Kulthöhlen. Sehr aufschlußreich hat die Prähistorikerin und Höhlenforscherin *Maria König* über die Höhlenmalereien in dem Buch »Weib und Macht« berichtet. Sie weist vor allem auf zwei Formen der Stein-Inzisionen hin, die man verstreut zu Hunderten auf den Felswänden findet. Zum einen geht es um das Kreuz – vielfach in einem Kreis. Zum anderen um drei meist parallel zueinanderstehende Linien.

Will man einer Deutung dieser Zeichen näherkommen, muß man sich vergegenwärtigen, daß sie sich in Kulthöhlen befinden. Diese waren unbewohnt und unbewohnbar. Um zu ihnen zu gelangen, muß man oft hunderte von Metern durch einen engen Gang kriechen, der sich dann zu einer Höhle weitet. Die Höhle gehört zu den archetypischen Bildern und steht für den Mutterschoß. Ein Kultweg also in die Mutter-Erde, in den Ursprung des Seins.

Der deutenden Vermutung bietet sich an, bei dem Kreuz im Kreis habe der prähistorische Mensch etwas empfunden und aussagen wollen über sein In-der-Welt-Sein. Aus der Erkenntnis »Ich bin« ergibt sich die Frage »Wo bin ich?«.

Vulven, Dreieck und drei parallele Striche in der Grotte de Moigny, Ile de France.

Legt man das Kreuz auf den Boden waagerecht, dann könnte es eine Darstellung der Weltordnung sein. Das Ich in dem Schnittpunkt der vier Himmelsrichtungen. Also ein mehr statisches Zeichen der Orts- und Raumbestimmung menschlicher Existenz. Denkt man sich das Kreuz aufgerichtet, also senkrecht, dann mag es eine Aussage sein über das dynamische In-der-Welt-Sein. Der Mensch, der sich ausgespannt fühlt von unten, dem Wurzelboden, auf dem er steht, nach oben zu dem, wohin er strebt; und dann nach den beiden Seiten auf die Welt um ihn. Wer die »Kreuzmeditation« von *Alfons Rosenberg* kennt, der weiß um diese Ausspannung auf Gott und auf die Welt hin. Der Kreis – ohne Anfang und ohne Ende – ist Bild des Ewigen Unendlichen; göttliches Bildzeichen.

Als zweite, gehäuft anzutreffende Form der Inzisionen findet man die drei parallelen Linien. Bekannt sind die drei Striche vor dem großen Stierkopf in Lascaux oder die drei

Striche durch die Bisonzeichnung von Gabillou. In früheren Jahrzehnten vor und nach der Wende zu unserem Jahrhundert galt es als unwissenschaftlich, von Religion zu sprechen. Da deutete man die Höhlenmalereien als »Jagdzauber« oder gar als »obszöne Darstellungen«. Heute hat man gottlob diese armselige Enge des Denkens überwunden und bekam damit den Blick frei für diese Darstellungen des Lebens und des Todes. Hatten wir bei dem Kreuzbild auf die Frage »Wo bin ich?« hingewiesen, so dürfen wir bei der Drei die weiteren Fragen unterlegen »Wo komme ich her?« und »Wo gehe ich hin?«.

Die Darstellung der Drei hat im Verlauf der Jahrtausende Differenzierungen erfahren. Waren es zunächst drei parallele Linien, so wurden etwas später die beiden äußeren Linien zueinandergebogen. Damit werden die Mondphasen deutlich: Werdender und zunehmender – voller und abnehmender Mond. Und noch spätere Darstellungen sind plastisch und zeigen unverkennbar das äußere Genitale der Frau.

Wir kennen schon den Symbolgehalt der Vulva als Kultbild. Wir wissen, es hat mit Geburt und Leben zu tun; und wenn Leben, dann auch Tod; und im lunaren Zusammenhang auch Wiedergeburt. Also Bild für das ganze Leben: Werden, Sein, Vergehen und Wiederwerden. So wie das dem Menschen der Frühzeit aus der Beobachtung der Gezeiten des Mondes vertraut war.

Erich Neumann (Die Große Mutter, S. 216) hält den Mondzyklus für das Urzeitmaß. Der Vergleich mit dem Menstruationszyklus bietet sich an. Ist es dann nicht logisch, wenn man der Großen Mutter, der Herrin über Leben und Tod, den Mond zuordnete? In der kultischen Verehrung dürfte ein starker Hoffnungscharakter mit angeklungen sein; Hoffnung, daß es mit dem Tod nicht zu Ende ist.

Es ist immer wieder gut, wenn wir uns vor Augen halten: Es handelt sich um Kulthöhlen, um kultische Darstellun-

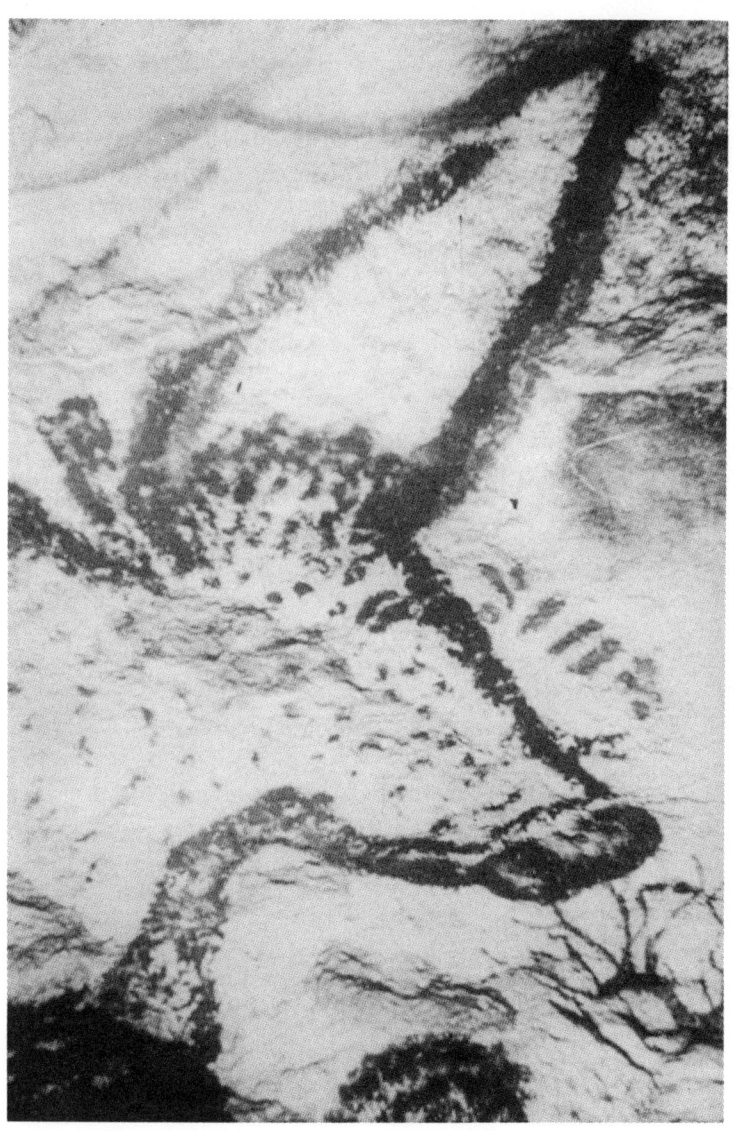

Drei parallele rote Linien vor der Stirn des größten schwarzen Stierkopfes im »Saal der großen Stiere«, Höhle Lascaux bei Monzignac.

gen, um Kultriten, die etwas aussagen über die Frömmigkeit des vorhistorischen Menschen, über seine Gottesvorstellung und Gottesbegegnung. Die Höhle ist ein heiliger Ort, eine Gebetsstätte und kein Museum. In die Mutter-Erde hineinkriechen – gebückt oder auf allen Vieren –, in der Höhe die heiligen Zeichen des Lebens und der Großen Mutter sehen, tasten und nachbildend verehren – und dann wieder hinauskriechen, mühsam, ans Tageslicht, wie in einem mühseligen Geburtsvorgang: Diese Gottesdienstverrichtungen können wir nachvollziehen. Aber, wie vieles wissen wir nicht und wird uns immer verborgen bleiben.

Neben der Höhle, dem mütterlichen Gefäßleib, ist das Tor mit seiner Balkentrinität als Eingang in den Schoß eines der ursprünglichsten Symbole der Großen Mutter oder – wie wir jetzt sagen können – des Lebens. Die Einheit der mit dem Querstein bedeckten beiden Pfeiler, der Dolmen, ist eine der frühesten Darstellungen der Dreiheit des Großen Weiblichen, zu der dann oft als Viertes der Einzelpfeiler des männlichen Phallus gehört (vgl. *Erich Neumann*, S. 155).

Was die Seinsweise der Frau von der des Mannes insbesondere abhebt, ist das ihr innewohnende Geheimnis, Leben zu gebären. Da die Wirkkraft des männlichen Samens ebenso unbekannt war wie die Existenz der weiblichen Eizelle, hatte der Mann am Lebensmysterium keinen direkten Anteil. Dieser Umstand spielte weltweit im religiösen Denken und sozialen Leben eine große Rolle.

Relief der »Venus von Laussel«. Es stammt aus der Altsteinzeit.

11. Die Verehrung des Weiblichen

Der Verehrung des Weiblichen und also der Großen Mutter dienten wohl auch die vielen Kultstatuetten, die man in allen Erdteilen hat finden können. Sie haben vorwiegend – manche Autoren sagen ausschließlich – weiblichen Charakter. Den meisten von uns ist die »Venus von Willendorf« bekannt. Sie ist 25 – 30 000 Jahre alt. Wer bedenkt, daß die Kugel in der Symbolsprache das Weibliche kennzeichnet, der versteht, daß diese Figur mit ihrer kugeligen Rundheit der Großen Mutter zuzuordnen ist. Man hat sie »Venus« genannt, weil diese Statuetten nackt sind. Sie zeigen üppige Formen, sind vielfach schwanger und stellen oft den weit geöffneten Schoß zur Schau. Ihm begegnet man als Gegenstand kultischer Verehrung rund um den Erdball.

Auch bei den Jägerstämmen Nordasiens sind die »Dzuli«, die Holz- oder Tonfiguren weiblich. Sie stellen die mystische Ahn-Mutter dar, aus der der ganze Stamm hervorkam. Nach erfolgreicher Jagd wurde sie durch Speiseopfer geehrt. Sie, die Ahn-Mutter wiederum, ist eine Göttin, schützt die Jäger, sofern diese nicht *mehr* Wild töteten, als das zum Lebensunterhalt notwendig war.

Wo wir hinschauen: Der Mensch der Frühzeit war ein zutiefst religiöser Mensch. Das Leben in ihm und um ihn und auch das Leben der Gestirne bezog er auf göttliches Wirken. Als Herrin über Leben und Tod verehrte er die *Große Göttin*, deren Namen und Eigenheiten je nach Volk und Kulturkreis verschieden waren. Meist begegnet sie dem Prähistoriker und Mythenforscher als Triade, also trinitarisch.

12. Trinität und Quaternität

Wir haben einen Blick auf die Welt der archetypischen Dreiheit geworfen und gesehen, was alles mit anklingt, sobald die Drei erscheint. Man könnte die Beispiele um ein Vielfaches erweitern. Letztlich ist die Drei die Zahl Gottes; Symbol für göttlich dynamisches Wirken; Symbol für das Leben. Und das seit vieltausend Jahren.

Im Alten Testament wird Gott als der dreimal Heilige angerufen. Der dritte Tag ist der Tag der Theophanie, der Tag des Erscheinens und Sprechens Gottes. Der dritte Tag ist uns liturgisch geläufig als der Tag des wirklichen und endgültigen Hereintretens Gottes in die Geschichte des Menschen.

Diese uralte heilige, diese göttliche Drei ist so sehr als Archetyp mächtig, daß wir auch im Christentum der »Heiligen Dreifaltigkeit« begegnen. Freilich einer patriarchal definierten Dreiheit mit drei männlichen Personen anstelle der Dreiheit der Großen Mutter.

Aber ist es nicht immer die gleiche göttliche Dreiheit, die seit Anbeginn in ihrer Schöpfung waltet und auf so vielfache Weise erfahren, gedeutet, verstanden, mißverstanden und verehrt wird? Wie alt mag der Archetyp der Zahl Drei sein?

Die göttliche Triade, die göttliche Dreiheit, ist immer das Eine-Große, möglicherweise in drei Aspekten. So wie im Bild der drei Göttinnen, im Bild der Thebanischen Triade oder – längst vorher – im Bild des Mondes. Hier können wir die drei Aspekte am sinnfälligsten sehen. Der zunehmende Mond versinnbildlicht das werdende, aufkeimende, aufblühende Leben, die sprießende Saat, den in Kindheit und Jugendzeit heranwachsenden Menschen. – Der Aspekt des vollen Mondes zeigt des Lebens Fülle und Fruchtbarkeit, das Reifwerden. Hierhin paßt das Bild der jungen Mutter mit dem Kind an der spendenden Brust;

oder das des Mannes in der Fülle seiner Kraft, das Leben zu gestalten. – Und als Drittes der Aspekt des abnehmenden Mondes, der auf die Früchte des Lebensherbstes hinweist: Fülle der Erfahrung; reifes Scheiden des Wesentlichen vom Unwesentlichen; Weisheit des Alters. Drei Aspekte – und immer der gleiche Mond – und immer das gleiche Menschenleben – und immer der gleiche Gott.

Wir haben in der göttlichen Drei den *dynamischen* Charakter gesehen. Auch die Vier ist eine göttliche Zahl; sie aber hat mehr *statischen* Charakter. Das Quadrat ist ein Bild des Umschließenden, Bild des Hauses, der Behaustheit, Geborgenheit. In den vier Himmelsrichtungen oder den vier »Weltecken« wird unsere Existenz eingeordnet – Antwort auf die Urfrage: Wo bin ich? Die vier Elemente, Erde und Wasser, Luft und Feuer, bestimmen seit alters unseren Lebensraum. Oder auch die vier Transparenzen Gottes: Das Gute, das Schöne, das Wahre und das Eine. Sie scheinen mir maßgeblich für die ethische Ordnung unserer Existenz zu sein.

Wir sehen, die Geschichte der Gottesbilder, der Gottesvorstellungen und Gotteserfahrungen geht bis in die dunkelste Vorzeit. Es ist uns deutlich geworden, daß sie gewiß nicht mit der Erfindung der Schrift, nicht mit den Ägyptern und nicht mit dem Alten Testament begonnen hat. Sie ist eine Geschichte der Menschheit. Jahwe oder Zeus, Jupiter oder Donar – sie alle stehen für relativ junge Gottesvorstellungen; jung im Verhältnis zu den tausenden, wenn nicht gar Millionen Jahren, in denen Menschen ihr Leben abhängig fühlten von einer Gottheit, die sie auf ihre Weise benannten und verehrten.

II. Matriarchat

Manche Hinweise auf Göttinnen, auf die Verehrung des Weiblich-Mütterlichen wurden bereits gegeben. Ja, auch all die Aussagen über den Mond in seiner zentralen Bedeutung für den Menschen der Frühzeit sind offensichtlich dem weiblichen Element zugeordnet. Im folgenden wollen wir uns nun noch eingehender auf die matriarchale Vorgeschichte der Menschheit einlassen. Von der männlichen Wissenschaft wurde sie bis vor kurzem kaum zur Kenntnis genommen oder als unbeweisbare und unbewiesene Theorie abgetan; unbeweisbar, weil es in vorgeschichtlicher Zeit noch keine schriftlichen Zeugnisse gegeben hat. Aber die Forschung der Vorzeit weiß heute eine Fülle von Daten und Belegen.

Auch ich habe die längste Zeit meines Lebens nichts von der Bedeutung des Matriarchats gewußt. Dabei hatte ich »den« *Bachofen (Joh. Jak. Bachofen*, 1815-1887, Professor in Basel, Rechts- und Kulturhistoriker, Künder der frühgeschichtlichen Welt und des Mutterrechtes) schon lange in meiner Bibliothek stehen, ohne ihn richtig in mich aufgenommen zu haben. Das war damals noch nicht mein Thema. Da mußte erst etwas heranreifen, bis sich mir ein großes Tor auftat. Erst allmählich wurde mir mehr und mehr sichtbar, deutlich und einleuchtend, was ich bislang mehr geahnt als gewußt hatte.

1. Mutterrecht

Bis vor etwa zehn Jahren gab es nur wenig einschlägige Literatur über das Matriarchat. Da war im Barock ein Jesuitenpater, der als Missionar viel herumgekommen war. Er lebte 1670-1740 und hieß *J. F. Lafitau SJ.* Er schrieb damals, in seiner Missionstätigkeit seien ihm mutterrechtliche Züge bei kleinasiatischen Lykiern aufgefallen. Und Gleiches fand er auch bei amerikanischen Irokesen. Seine Schrift wurde damals von der wissenschaftlichen Welt nicht zur Kenntnis genommen.

In der zweiten Hälfte des 19. Jahrhunderts kamen kurz hintereinander gleich drei Veröffentlichungen heraus: 1861 *Bachofen* mit seinem »Mutterrecht«; *Mc Lennon* 1865 und *Morgan* 1871.

Bachofen definierte eindeutig den Rechtsstand des Matriarchats: Kinder sind ausschließlich Kinder der Mutter, tragen den Namen der Mutter und kennen vielfach keinen Vater. Die Töchter erben, nicht die Söhne. In der Regel ist es die Frau, die sich den Gatten wählt. Sie hat Geld und Gut, besitzt das Land, kann frei darüber verfügen – wie auch über sich selbst und ihre Kinder.

Juden, Ägypter, Griechen, Germanen und Kelten, die Vorfahren der Römer und die Babylonier sind in unserem Kulturkreis nachweislich Mutterrechtsvölker gewesen. Matriarchat wurde aber auch in Afrika und in Amerika, ja sogar in Ozeanien festgestellt. Noch in der Gegenwart gibt es mutterrechtliche Volksgruppen.

2. Logisches Matriarchat

Man nimmt heute an, daß das Matriarchat die ursprüngliche Sozialstruktur prähistorischer Zeiten war. Als Rückschluß auf die inzwischen bekannt gewordenen Kultformen und insbesondere im Hinblick auf die neueren Höhlenforschungen darf man wohl annehmen, daß das Leben als höchstes Gut und als göttliches Geschehen angesehen wurde. Damit leuchtet die große Verehrung der Frau und besonders des Mutterschoßes ein. Der Dienst am Leben bekommt den Charakter eines Gottesdienstes. Und damit gewinnen Gotteserfahrung und Gottesvorstellung eine tiefere Dimension.

Die religiöse Bedeutung der Mutter in Verbindung mit dem Rechtsstand der Frau ist eine ganz wichtige Eigentümlichkeit der matriarchalen Sozialstruktur. Der Weihecharakter der Frau ist der tiefste Grund ihrer matronalen Würde und Erhabenheit.

Dies klang bereits im Bärenkult an und wurde durch die Bärin symbolisiert.

Da man ja weder die Existenz einer weiblichen Eizelle noch die Bedeutung des männlichen Samens kannte, war eindeutig der Mutterschoß allein Quelle des Lebens. Dies mag ein Hauptgrund sein für das Entstehen und die Folgerichtigkeit des Mutterrechtes. Wenn wir diesen Zusammenhang vor Augen haben, dann verwundert uns die damalige Bedeutungslosigkeit des Mannes nicht.

3. Elternerleben und Gottesvorstellung

Jedes Kind ist auf eine Beziehungsperson angewiesen. In der Regel sind das die Eltern. Von ihnen leitet das hilfsbedürftige Kind seine Existenz ab; nicht nur die leibliche Existenz, wichtiger noch das gesamte In-der-Welt-Sein. Um sich frei entwickeln zu können, wäre es gut, das Kind könnte zu seinen Beziehungspersonen unverbrüchliches Vertrauen haben. Von seiner gesunden Natur aus

»glaubt« ein Kind an sie; spricht ihnen »göttliche« Eigenschaften zu: Allwissenheit, Allmacht, Fehlerlosigkeit. Es stellt demnach die Eltern auf ein Podest der Göttlichkeit. Erst mit dem Beginn und dem Fortschreiten des kritischen Denkens erkennt das Kind die menschliche Fehlerhaftigkeit der Eltern und stürzt sie von ihrem Podest. Das geschieht normalerweise zwischen dem 4. und 8. Lebensjahr.

Aber dennoch bleibt die frühe Erfahrung der Eltern Vorbild für die Gottesvorstellung. Güte oder Kälte, Erbarmen oder Härte, schenkendes Strömen oder strenges Fordern, Geborgenheit oder Angsterziehung sind unauslöschliche Kindheitserfahrungen, die oft bis ins späte Alter auf Gott hin projiziert werden. Dabei steht der Vater naturgemäß meist mehr für den Vatergott, während die Mutter oft für die Vorstellungen von Jesus oder der Gottesmutter bedeutungsvoll ist.

Es mag für einen jeden von uns möglicherweise recht aufschlußreich sein, seine eigene Gottesvorstellung im Zusammenhang mit seinem Elternerleben zu überprüfen. Vielleicht erkennen wir eine gefühlsbetonte Diskrepanz zwischen unserer Gottesvorstellung und dem, was Jesus verkündet hat bzw. dem, was wir glauben möchten.

4. Göttinnen

In einer mutterrechtlichen Welt sind die Gottesvorstellungen logischerweise anders als im Patriarchat. Wenn in der Familie, in der Sozialstruktur die Mütter die Dominanz haben, dann ist es kein Wunder, wenn die obersten Gottheiten weiblichen Charakter hatten: Die Erdmutter Gaia, deren Attribut, die Schlange, die Wiederkehr des Lebens,

Kretische Göttin mit Schlangen (1600 v. Chr.). Palast von Knossos, Archäologisches Museum, Heraklion. Die Schlange als Tier
des Erdbereiches gehört zu den das Leben bewirkenden Mächten. Die Priesterinnen der Kretischen Erdmutter trugen das
Schlangensymbol.

das Neuwerden symbolisierte. Oder die Schicksalsgöttinnen, denen alle unterworfen sind, und die sogar später im Patriarchat noch über den obersten der männlichen Götter walteten. Oder die Große Mutter Kybele mit ihren vielen spendenden Brüsten. Ebenso die Geburtsgöttin Artemis oder Diana von Ephesus, deren berühmtestes Kultbild aus Holz vom Weinstock behängt war mit Schnüren von Rubinen und Schnüren geopferter Amazonenbrüste. Vor ihr führten die Amazonen ihre klirrenden Reigen, Schwert- und Schildtänze auf (vgl. *Sir Gallahad*). Daß die Patriarchalen später aus der Geburtsgöttin eine Jagdgöttin machten, ist doch wohl typisch für die Veränderung des Denkens. Weiterhin die Ischtar von Babylon, die Astarte der Phönizier oder Isis, die Herrin des Himmels in Ägypten...: Groß ist die Reihe solcher Namen bei den matriarchalen Völkern des Erdkreises.

Da alle markanten Erscheinungen des von der Gottheit gespendeten Lebens – wie bei den drei frommen Alten auf der Insel im russischen Meer – in Verbindung mit Gott erlebt und von den naturhaft frommen Menschen auf ihn bezogen wurden, verwundert es eigentlich nicht, wenn bestimmte Phänomene einzelnen Gottheiten zugeordnet wurden (wie Geburt und Tod, Liebe und Fruchtbarkeit, Meer und Erde, Himmel und Gestirne).

Erinnert uns das nicht stark an die uns bekannte Heiligenverehrung? Da ist dieser Heilige für dies und ein anderer für jenes zuständig. St. Ottilie ist für die Augen gut, und St. Leonhard schützt die Rösser; Notburga nimmt sich der Mägde an, und der hl. Christophorus gehört als Reisebegleiter ins Auto. Und erst die Gottesmutter, die schützt ganze Länder! Verachten wir doch nicht die gewachsene und gesunde Volksfrömmigkeit! Auch nicht die »heidnische«!

Als meine Frau und ich vor Jahren auf der Insel Ägina zum Tempel der Aphaia hinaufstiegen, die doch bekanntlich für die Geburten zuständig ist, konnten wir nicht umhin, an eine unserer Töchter zu denken, die vor der Entbindung stand.

5. Dienst am Leben – Gottesdienst

Wir können uns heute nur ganz schwer in das religiöse Lebensgefühl des Matriarchats hineinversetzen. Wir versuchten dies bereits angesichts der Kultriten in französischen Höhlen. Ein Blick nach Kreta kann uns vielleicht etwas weiterhelfen. Wir wissen, vor nicht gar so langer Zeit lebten die Minoer auf Kreta mutterrechtlich. In Knossos weisen auffallend viele Kultbilder auf den Mond hin. Sogar die Stierhörner, die *Sigmund Freud* wohl als aggressiv männliche Symbole gedeutet hätte, werden heute als lunare Bilder verstanden; als Bilder des dem Leben geöffneten weiblichen Schoßes; als Bilder für Werden, Sein und Vergehen und Wiedererscheinen. Oder auch die Doppelaxt; ihre Darstellung ist vielfach zu finden; auch sie ist Bild für den Mond, für die Große Göttin. Und nicht zu übersehen die vielen Statuetten, Kultbilder, in denen Frauen – Göttinnen? – mit erhobenen Armen dargestellt sind; offen für die strahlenden Kräfte *von* oben und *nach* oben.

Was war das für ein Daseinsgefühl, in welchem das Leben als oberster Wert erfahren wurde! Sein Ursprung – der Mutterschoß; seine Nahrungsquelle – die Mutterbrust. Da ist eine Prozessionsstraße zu sehen – ausgerichtet auf zwei Hügel, die in der Landschaft gegen den Himmel stehen wie zwei Brüste. Versuchen wir, uns einzulassen in eine Gottesverehrung und Gotteserfahrung, die sich gründet auf das transparente Bild des weiblichen Schoßes und der

Muttergöttin aus Senorbi (um 2000 v. Chr., Trexenta-
Gebiet). Cagliari, Museo Nazionale.

44

mütterlichen Brüste. – Im Leben wie im Tod erscheint das Numinose. Dienst am Leben als Gottesdienst.

Und immer ist es der gleiche Gott, der verehrt wurde und wird; der »Leben« ist und Herr über das Leben.

6. Aufkommen des Patriarchats – Soziologischer Wandel

Wir heute leben im Patriarchat, einer im Vergleich mit dem Matriarchat relativ jungen Sozialstruktur. Sie kam erst vor etwa vier- bis fünftausend Jahren auf: bei den Juden etwa vor 5000 Jahren, etwas später in Griechenland; in Italien etwa fünfhundert Jahre nach den Juden. Dieser Wandel ging meist nur sehr allmählich vor sich. Er vollzog sich weltweit in etwa 2500 Jahren.

Marcus Porcius Cato, also Cato der Ältere, wurde 234 v.Chr. in Rom geboren, also etwa 500 Jahre nach der Gründung der Stadt. Er hat uns nicht nur sein berühmtes »Ceterum censeo, Carthaginem esse delendam« (Im übrigen bin ich der Ansicht, daß Carthago zerstört werden muß) hinterlassen. Er wußte auch noch von der früheren Gynäkokratie (Frauenherrschaft), die auch zu seiner Zeit nicht ganz überwunden war – wann war sie das schon? *Cato* ruft nun seinen Mitbürgern den bezeichnenden Satz zu: »Erinnert euch all der Gesetze, mit denen unsere Vorfahren die Freiheit der Frauen gebunden, durch die sie die Weiber der Macht der Männer gebeugt haben! Sobald sie uns gleichgestellt sind, sind sie uns überlegen.« Diese Worte müssen wir uns gut merken.

Bei Überlegungen, wie es zur Ablösung des Matriarchats durch das Patriarchat gekommen sein könnte, sind wir auf Vermutungen angewiesen. Schriftliche Zeugnisse gibt es ja so gut wie gar keine. Man weiß heute einiges von der

Lebensart der verschiedenen Amazonenreiche. Man weiß, daß die Mütter dort vielfach ihre männlichen Nachkommen getötet haben, so wie später im patriarchalen Sparta die kleinen Mädchen ausgesetzt wurden; daß sie Buben durch Verrenkung von Hüfte oder Schulter zur Kampfunfähigkeit verkrüppelt haben, so daß sie nur noch Sklavendienste verrichten konnten; daß sie die zur Begattung bestimmten Männer oft hinterher getötet haben. Man hat frühe Skulpturen gefunden, die solche verkrüppelten Männer darstellen. Sind dies Zeichen der Verachtung des Männlichen? Oder des Kampfes um die Macht? Höchstwahrscheinlich sind es Zeichen der Angst, die Vorherrschaft an die Männer zu verlieren (vgl. *Edith Holliger).*

Gewiß führte der Machtkampf zu einer Zerrüttung matriarchaler Moral und Kultur. Das war kein Dienst mehr am Leben, sondern Unmenschlichkeit um der Vorherrschaft willen. Die Revolution der Söhne kann als logisch notwendige Folge angesehen werden.

Aber mir scheint, *vor* diesem Phänomen des Kampfes um die Macht muß etwas gewesen sein, das erst dazu den Weg bereitet hat. Könnte das nicht mit einem neuen Wissen zusammenhängen? Ein Wissen, das allem Anschein nach in diesen Jahrhunderten weltweit und – wie auch sonst üblich – unabhängig voneinander gewonnen wurde.

Wir dürfen davon ausgehen, daß in früher Zeit die Funktion des männlichen Samens unbekannt war. Aber im Verlauf der Entwicklung des Denkens traten die Zusammenhänge von Ursache und Wirkung stärker ins Bewußtsein. Irgendwann also hat man die Bedeutung des Samens entdeckt und erkannt. Diese Entdeckung mußte für die soziale Stellung des Mannes umwälzend gewesen sein. Er gewann an Wichtigkeit, rückte von seiner Randstellung im Sozialgefüge in die Mitte neben die Frau. Damit war deren Vormachtstellung bedroht. Möglicherweise hat da der sogenannte »Kampf der Geschlechter« begonnen.

Die Männer waren stolz auf ihre Zeugungskraft. In Genesis 10 finden wir die sogenannte Völkertafel nach den Söhnen Noachs; und in Genesis 11 die Vorfahren Abrahams, die Geschlechterfolge nach Sem. Da kommt das neue Wissen zum Ausdruck: Der zeugte den, und dieser zeugte jenen. Auch im Buch Exodus und im Buch Numeri finden wir Analoges. Uns allen ist noch das Stammbuch Jesu im Ohr: Abraham zeugte Isaak, Isaak zeugte den Jakob, Jakob zeugte den Juda und so weiter bis zu »Josef, dem Mann der Maria, von der Jesus geboren wurde« (vgl. Mt 1,1-17).

Die Bedeutung der Frau als alleinige Spenderin des Lebens verblaßte mehr und mehr. Bis sie im Mittelalter als Ackerboden definiert wurde, der erst durch den männlichen Samen fruchtbar gemacht wird. Sie selbst liefere nur die Bedingungen, den lebendigen Samen aufzunehmen und zur Entwicklung zu bringen.

So finden wir in der Philosophia perennis: »Mulier est sicud puer, qui nondum potest generari«, sie ist wie ein zeugungsunfähiger Knabe. Sie ist ein »verschnittener Mann«, ein »mas occasionatus«. Sogar hinsichtlich der Seele steht sie dem Manne nach. Ja, es wurde ernsthaft diskutiert, ob sie überhaupt eine unsterbliche Seele habe.

Erst 1827 entdeckte *Karl-Ernst von Baer* die weibliche Eizelle. Dadurch bahnte sich die Möglichkeit an, den Gedanken der Gleichwertigkeit zu entwickeln: den Gedanken einer Partnerschaft von Mann und Frau. Aber wir stecken noch immer im patriarchalen Denken und Fühlen. Es ist schwer, vom Thron der Präpotenz herabzusteigen. Schauen wir z.B. auf den Tanz fruchtloser Diskussionen in unserer Kirche um die Stellung und Mitarbeit der Frau. (Allerdings wäre noch vor wenigen Jahren ein solches Diskussionsthema gar nicht denkbar gewesen.) Oder sehen wir die Benachteiligung der Frauen bei der Stellen- oder Lehrstuhlvergabe, in der Wirtschaft wie in der Verwaltung. Denken wir an die schlechtere Bezahlung der Frauen trotz oft sogar besserer Arbeitsleistungen. Noch immer ist die Rolle des Pascha beliebt: Der Mann möchte sich von seiner Frau bedienen lassen. Ist sie denn nicht für den Mann da, als seine »Gehilfin«, wie es im Schöpfungsbericht so schön heißt? Natürlich sind ihr die drei K's zugeordnet: Kinder, Kirche und Küche. Und sie scheint sich ganz selbstverständlich in die ihr zudiktierte dienende Rolle zu fügen – so jedenfalls sieht das die Mehrzahl der wortführenden »christlichen« Männer.

Ich erinnere nochmals an den Satz des *M. P. Cato:* »Sind sie uns gleich, so sind sie uns überlegen«. *Wie viele Männer haben Angst um ihre Vorrangstellung; besonders alle die, die sich schwach fühlen. Und wer Autorität sein möchte, dazu jedoch nicht das innere Format hat, der wird gern autoritär sein.*

Ohne die englischen und amerikanischen Suffragetten des beginnenden Jahrhunderts, die um ihr Suffragium, ihr Stimmrecht, kämpften; und später ohne den Einsatz der Feministinnen, die gewiß oft über die Grenzen der Sachlichkeit hinausgingen und sich damit ideologisch einengten; ohne diese Vorkämpferinnen wäre uns Männern gewiß noch vieles überhaupt nicht bewußt geworden.

Wer wußte schon zum Beispiel, daß das »Mancipium« das Handauflegen des Herren bezeichnete, mit dem er auf dem römischen Sklavenmarkt sein Besitzrecht über den Sklaven anzeigte? – Es ist doch noch gar nicht so lange her, daß die unmündigen jungen Mädchen bei ihrer Heirat aus dem Mancipium des Vaters in das Mancipium des Eheherren überwechselten. War uns bewußt, daß »Emanzipation« der Vorgang der Selbstbefreiung aus einer oft schlecht verhüllten Unmündigkeit und Sklaverei ist? Wird nicht noch immer diese Emanzipation der Frau mit schiefem Auge angeschaut? Ist »Emanze« nicht für viele ein Schimpfwort? Was wollt ihr Frauen eigentlich: Wir sind doch so zuvorkommend und höflich – tönt es aus dem Mund vieler Männer! Der Weg zu Gleichwertigkeit, Partnerschaft und Gleichberechtigung ist noch immer weit.

7. Umbruch des Denkens – der männliche Gott

Alle Entwicklungen gehen langsam und allmählich vor sich; auch damals die Wandlung vom Matriarchat zum Patriarchat, der Umsturz des gesellschaftlichen Gefüges, der Beziehung von Mann und Frau, der Gottesvorstellungen. Das spielte sich nicht ab als eine plötzliche Revolution der Söhne gegen die Mütter, der Brüder gegen die privilegierten Schwestern. Das erschien doch als Weiterentwicklung, das war Fortschritt, Korrektur des Veralteten. Das alte Mutterrecht war überlebt. Die modernen Männer haben einen »Neuen Geist«. Sie fühlen sich absolut im Recht.

Und die alten Göttinnen? Die passen doch nicht mehr hinein in die neue Zeit. Sie werden mehr und mehr an den Rand gerückt. Auf Kreta wird ein dem männlichen Denken angepaßter Zeus geboren und wächst in den heiligen Höhlen des Ida und der Dikte auf. Bei den Römern kommt etwas später Jupiter zur Herrschaft, bei den Germanen Wotan und Donar. Was sind das für gewaltige Götter, Donnerer, Blitzeschleuderer, allgewaltige, allmächtige Götter. Und vor diesen war es bei den Juden der »Herr der Heerscharen«.

Der geistige Umbruch war umfassend.

Sogar die heiligen Bücher der Juden wurden nach dem babylonischen Exil neu redigiert. Alles, was an das vorausgegangene Matriarchat erinnerte, wurde tunlichst eliminiert. Aber trotz dieser Säuberungen finden wir noch eine Fülle von Aussagen über Gott, die auf seine Mütterlichkeit

Im »Blitzeschleudernden Zeus« (ca. 520 v. Chr.) begegnet uns die nach außen zielende und zupackende Dynamik des Mannes. Er ist der Kämpfende und Erobernde, der Ergreifende und Eindringende.

hinweisen. *Virginia R. Mollenkott* hat 1983 eine ausführliche Zusammenstellung biblischer Aussagen veröffentlicht, wo Gott noch immer in seinen weiblich-mütterlichen Aspekten zu finden ist: Als gebärende und stillende Mutter und in vielen anderen weiblichen Bildern. Was im Alten Testament auch nach der Säuberung noch auf das vergangene Matriarchat hinweist, das zeigte *Gerda Weiler* in ihrem wichtigen Buch »Ich verwerfe im Lande die Kriege – Das verborgene Matriarchat im Alten Testament«.

Freilich, im Alten Testament, wie es uns heute vorliegt, finden wir einen sehr paternistischen Gott: Einen Ordner, der Gesetzesvorschriften gibt; einen strengen Richter, der über die Taten der Menschen leicht in Zorn gerät und urteilt, der verurteilt oder gar verdammt; einen Vater, der – je nach Verdienstlichkeitsleistungen – belohnt oder bestraft. Er ist der Gott, der mit Opfern besänftigt werden muß; der Gott Abrahams, der von diesem auch den Tod des geliebten Sohnes fordern darf. (Menschenopfer sind auch in Israel nicht unbekannt.) Der Gott, Herr seines auserwählten Volkes, dessen Schicksal er begleitet; dessen Feinde er vernichtet; ja, der seines Volkes wegen andere Völker zerstört, wenn sie seinem Volk im Wege stehen.

Die patriarchalen Juden verstanden ihren Gott als einen *exklusiv jüdischen Gott*. Andere Völker haben andere Götter. Und das sind immer und überall »falsche Götter«, Götzen. Aber auch sein auserwähltes Volk muß seinen Zorn und seine Rache fürchten, wenn es nicht seinen Weisungen folgt, wenn es sich nicht bemüht, ihm wohlgefällig zu sein. Wer diesen Gott ernst nimmt, der wirkt sein Heil in Furcht und Zittern. Der patriarchale Gott ist der *Antwortende*. Er re-agiert auf das Verhalten der Menschen: *Weil* du ein getreuer Knecht bist, *deshalb* gehe ein in die ewigen Freuden – bzw.: Weil du nicht gehorcht hast, deshalb wirst du bestraft.

Solches ist typisch für paternistisches Denken und Fühlen. Der gläubige Jude baut auf Gottes Gerechtigkeit. Das ist für ihn der »getreue Gott«. Die Vorschriften der Thora bis ins letzte zu erfüllen, bedeutet Gerechtsein. Ich weiß, ich bin gerecht, kann ein Pharisäer sagen und – wie im Gleichnis vom Zöllner im Tempel – auf seine Werke der Übergebühr hinweisen. Jetzt muß der gerechte Gott belohnen. Der Richter-Gott kann mir nichts anhaben.

Einen barmherzigen Gott brauche ich nicht. So ist im paternistischen Denken immer weniger Raum für die weiblich-mütterlichen Aspekte Gottes, für Liebe oder Barmherzigkeit.

Schauen wir etwas genauer hin auf die geistige Welt des Patriarchats, dann finden wir einige markante Daten: Leistungsrechtfertigung, Gesetzlichkeit bis zum Perfektionismus, rechnerische Absicherung gegenüber Gott, kein Vertrauen auf Barmherzigkeit und Milde, Berührungsscheu und Angst vor Verunreinigtwerden. – Paßt das alles nicht recht gut in das psychopathologische Bild des Zwangscharakters mit seinen zentralen Ängsten? Hatte vielleicht das Patriarchat in der Tiefe des Unbewußten derartige Unsicherheiten, Schuld- und Angstgefühle nach der Entmachtung der Mütter?

8. Die Verdrängung der Vergangenheit – Damnatio memoriae

Solche Zusammenhänge sind wahrscheinlich, wenn wir z.B. folgendes Geschehen berücksichtigen: Im Römischen Reich zur Kaiserzeit war die »damnatio memoriae« ein bekannter und recht beliebter Vorgang: Das Gedenken an den Vorgänger im Amt wurde ausgelöscht. Alles, was an

ihn erinnerte, wurde eliminiert; Standbilder wurden ge-
stürzt; Geschichte wurde umgeschrieben.

Kennen wir nicht aus unseren Tagen ganz ähnliche Vorgänge in Rußland nach der Revolution, der DDR nach dem
Krieg und leider auch im Vatikan? Hier wurde die an
Kardinal Döpfner erinnernde Platte in der Jubiläumstüre,
in welcher die vier Moderatoren festgehalten waren, her-
ausgenommen. Er war zu modern. Man trachtete auch hier
danach, das Geschichtsbild zu verändern, indem man aus
dem öffentlichen Leben entfernte, was dem herrschenden
Denken nicht entsprach.

Ähnliches finden wir nun nach der paternistischen Revolution. Was an die frühere Gynäkokratie und damit an die
Schwäche und Ohnmacht der Männer erinnerte, wurde
tunlichst aus dem Gedächtnis verbannt, wurde ausgelöscht. Kein patriarchaler Jude wollte es wahrhaben, daß
vor gar nicht so langer Zeit seine Väter in Jerusalem die
eherne Schlange Nehustan, die Moses errichtet hatte, verehrt und ihr Rauchopfer dargebracht hatten; wurde doch
noch zu Beginn des 6. Jahrhunderts vor unserer Zeitrechnung in Judäa der Kult der Schlangengöttin gepflegt.

Wir wissen, die Schlange war eines der großen Lebens-
symbole und stand aufgrund ihrer Häutung für Wiedergeburt, ja sogar für Unsterblichkeit. Weil die Schlange Attribut der Großen Göttin war und als solches verehrt wurde,
erscheint sie im paternistischen Schöpfungsmythos als die
Verführerin zum Bösen. Durch sie hat das Weib die Schuld
über die Menschen gebracht und ist darum selber für ewig
schuldig geworden. Dafür muß das Weib büßen – bis
heute.

Galt vorher die Schlange als Bild der *Klugheit* – auch
Äskulap wurde von ihr begleitet –, so bogen die Autoren
des paternistischen Schöpfungsmythos dieses Bild um in
Hinterlist. Und aus der Überwinderin des Todes wurde die
Verderbenbringende, wurde der Satan. Wir haben hier

geradezu ein Kabinettstück der damnatio memoriae. Wer sich eingehender mit dem Thema dieser Verfälschungen und Verdrängungen befassen will, den darf ich auf *Gerda Weilers* Buch hinweisen.

Im Schöpfungsmythos schiebt der Mann die Schuld auf die Frau. Er wälzt nicht nur seine Verantwortlichkeit ab – er verdrängt seine Sündhaftigkeit in den »Schatten«, in das Dunkel des Unbewußten. Auch das Schattenproblem ist eine Quelle seiner Ängste.

Wir wollen uns nochmals vor Augen führen: Im Matriarchat war das Leben oberster Wert; und Dienst am Leben war Gottesdienst. Der Mann war dabei eine unwichtige Randfigur; er war ohnmächtig. Dann kam das Bewußtsein seiner Potenz und der damit verbundene Gewinn an Bedeutung und Macht. Die Werteordnung verschob sich: Nicht mehr das Leben erschien als oberster Wert, sondern die Macht. Nicht mehr die Gemeinschaft eines Miteinander und Füreinander, sondern die Herrschaft der Männer über die Familie: »Macht euch die Erde untertan!«

9. Ablösung vom Matriarchat als Entwicklungsvorgang

Mit der Erkenntnis der Zeugungskraft des Mannes war gewiß eine wichtige Umwertung zwischen den beiden Geschlechtern verbunden, die den Mann aus seiner bisherigen Inferiorität heraushob. Aber das war nur ein Teil des Erkenntnisvorganges. Handelte es sich doch um eine die ganze menschliche Existenz umgreifende Evolution. Ehe sich das Sozialgefüge wandeln konnte, ehe sich das matriarchale Weltbild in das des Patriarchats verändern konnte, mußte sich ein Wandel im Selbstverständnis der Menschen vollziehen. Dies vor allem bei den Männern – aber auch bei den Frauen.

Ich möchte den Entwicklungsvorgang in einem Bild beschreiben. Mir scheint, es war, als wenn der Mensch aus der Geborgenheit des Mutterschoßes, aus dem Dunkel der Erdhöhle, aus dem chthonischen, dem erdhaften Raum seines Seins herausgeboren wurde, heraustrat in einen neuen Raum größerer Helligkeit. Wurde der frühe Mensch geleitet von seiner Fühligkeit für die Kräfte der Erde, des Wassers und der Gestirne, für die Strahlungen, die sein Dasein beeinflußten; waren ihm Intuition und Instinkt dabei verläßliche Führer, so versuchte der sich seines männlichen Intellektes bewußt werdende Mensch mehr und mehr, sich an den Erkenntnissen seiner Vernunft zu orientieren; er entfaltete sein kritisches Denken.

Er trat gleichsam aus dem Dämmern hinaus ins Helle. Und je mehr er in die Helligkeit kam, desto dunkler erschien ihm die frühere Dämmerung. Dieser Vorgang betraf sein ganzes Leben, all seine täglichen Verrichtungen. Er entwickelte die Kunst, mit den zweckmäßigsten Mitteln die beste Leistung zu erreichen. Mit zunehmender Erkenntnis und Anwendung der Gesetze der Natur lernte er, diese für sich nutzbar zu machen. Das Zweckdenken ließ ihn zum Ordner werden, ließ ihn seine rechnerische Ratio gebrauchen und entfalten. Er gestaltete die Welt des Funktionierens und der Zivilisation. Aus dem zyklischen, mehr weiblichen Denken entwickelte sich die lineare, zielgerichtete männliche Denkweise.

Diese Entwicklung, dieser Wandel, vollzog sich folgerichtig auch im kultischen Raum, in der Vorstellung von der Gottheit, und er ging gewiß nicht abrupt vor sich; ebensowenig abrupt wie die Ablösung des Matriarchats durch das Patriarchat. Wie immer und überhaupt sollten wir vermeiden, in der Entweder-Oder-Kategorie zu denken, wo unser Leben doch vielmehr von einem Sowohl-als-Auch getragen wird. Die weiblichen Gottheiten verschwanden nicht gleich, nachdem die männlichen Götter geboren wurden. Zunächst veränderten sie in der Vorstellung der Menschen ihren Charakter.

Zu allen Zeiten konnten sich die Menschen ihre Gottheiten nur nach innerweltlichen Erfahrungen vorstellen. Gott war und ist immer der Dunkle, der Unbekannte, der Verborgene, von dessen Bild es keine überweltliche Offenbarung gibt. Der Mensch kann ihn möglicherweise ahnen, kann sein Wirken spüren, kann aus seinen Werken auf sein Wesen schließen und dies besonders seit der Offenbarung des »Sohnes«. Er kann ihn glauben.

Wir sprachen schon von der großen Bedeutung, die das Erleben von Mutter oder Vater für das Gottesbild und die Gottesvorstellung eines Kindes hat, die möglicherweise das ganze Leben bestimmt. Auch andere innerweltliche zentrale Erfahrungen können auf den geahnten Gott projiziert, können personifiziert werden, sogar uns selbst innewohnende Kräfte.

Wir gehen mit unseren Überlegungen einen Schritt weiter: Wir haben bereits das Phänomen der Ambivalenz erwähnt, die wir allenthalben beobachten können. Die Widersprüchlichkeit und Gegensätzlichkeit finden wir auch bei jedem Menschen und damit auch bei uns selbst. Wer das noch nicht realisiert hat, wem seine Widersprüchlichkeit noch nicht deutlich bewußt geworden ist, der ist seiner Eigentlichkeit noch nicht begegnet.

Ein Kleinkind steht seinen Eltern normalerweise kritiklos gegenüber. Sie sind nicht ambivalent, sondern unantastbare »Göttergestalten«; und dies so fraglos, daß ein Kind alle Unstimmigkeiten eher *sich* zur Schuld anrechnet als den Eltern. So denkt das Kind eher: Ich habe etwas falsch gemacht, ich bin ekelhaft, als daß es Charakterfehler oder Liebesunfähigkeit der Eltern realisiert. Erst durch die Entfaltung des kritischen Denkens werden dem Kind auch die

Dunkelseiten der Eltern offenbar, und es macht nicht mehr sich selbst verantwortlich für Mißhelligkeiten. Im Verlauf der Pubertätszeit kann die Jagd nach dem Unstimmigen üppig wuchern, so daß manche nur noch das sehen, was nicht so ist, wie es doch sein sollte.

Dieser allgemein bekannte Reifungsvorgang scheint mir relevant zu sein für den Wandel der Gottesvorstellungen, den wir im Verlauf der Geschichte beobachten können. Wir können nachweisen, wie bei der Entwicklung des Patriarchats die Bilder und Vorstellungen von den Göttinnen immer mehr auch dunkle Züge annehmen.

Aus der lächelnden Göttin wird die strenge Herrin; die Sanfte erscheint auch furchtbar; sie ist nicht nur mild, sondern auch grausam; nicht nur liebend, sondern auch hassend; nicht nur die Gebärende, sondern auch die Verschlingende. Das Abwandern der Götterbilder aus dem Bereich des Lichtes in den des Dunkels können wir verstehen als ein Zunehmen an kritischer Denkfähigkeit und Erkenntnis der Menschheit.

Das wäre also vergleichbar dem Wandel im Werden der Heranwachsenden gegenüber Eltern und Autoritäten. Was vordem fehlerlos war, wird im Blick einer abwertenden Kritik »voller Fehler«, wird verderblich, wird Gefahr. Schließlich wird kein gutes Haar mehr an den ehemaligen Göttergestalten gelassen; sie werden verworfen.

Es spricht vieles dafür, die soziologische Entwicklung und den kultischen Wandel in der Geschichte der Menschheit mit der individuellen Entwicklung eines Menschen zu vergleichen. Die erste kindliche Lebensphase entspricht dann der Frühzeit des Menschen. Da beobachten wir den Kult der mütterlichen Bärin im Dämmern der Höhle; und ähnliche Geborgenheit finden wir später in der Vorstellung von der Großen Mutter, die alles Leben mit ihrem Schutzmantel behütet. Ich halte es für berechtigt, die Ablösung von der Großen Mutter als einen Eintritt in die Pubertät der Menschheit anzusehen. Der Verdacht liegt nahe, daß wir uns noch immer mehr oder weniger in dieser Phase befinden.

10. Die Verdunkelung der lichten Göttin

In ihrem herzerfrischenden Buch »Die Hexe« beschreibt *Rosmarie Bog* eine bunte Reihe von Portraits großer Göttinnen. Dabei macht sie einmal das Weibliche der jeweiligen Gestalt deutlich, zum anderen auch das Hexenhafte. Die Autorin zeigt in oft dichterischer Sprache den Wandel, den die Vorstellungen von der Gottheit durchmachten. So ersteht vor uns ein Bild der Göttinnen, wie es den Vorstellungen vor alter Zeit entsprach und wie es sich dann mit dem Heraufkommen des Patriarchats veränderte. Ich möchte hier drei Beispiele erwähnen.

Da ist *Hekate*, das rätselhafte Urweib, die dunkle herbe Gestalt aus grauer Vorzeit. Sie, die eher unheimlich ist von Anfang an und gar nicht so recht liebreizend, wird in den Orphischen Gesängen als »Himmelskönigin« und »Erdenfürstin« gepriesen. Aber obwohl »Große Mutter«, erscheint die Unbegreifliche eher furchterregend als mild; zwar »männernährende Jungfrau«, aber doch »furchtbare Herrscherin«.

Die Gottesvorstellung späterer Zeit läßt sie als Anführerin der Thessalischen Hexen erscheinen. Sie gebietet über die Schatten der Toten. Die Männer Nährende wird zur Männer Fressenden. Deutlich können wir verfolgen wie die bergende Dunkelheit der mütterlichen Nacht sich wandelt in eine ausweglose, ängstigende Finsternis des Tartarus. Mit *Circe*, der Zauberin, und *Persephone*, der zwischen Licht und Dunkel Wandelnden, bildet sie eine Dreifaltigkeit des schwarzen, des abnehmenden Mondes.

Diana von Ephesus wurde als Fruchtbarkeitsgöttin verehrt. Sie ist identisch mit Artemis, die ursprünglich in Kleinasien verehrt wurde. Ihre Tempel wurden von vielen gläubigen Pilgern aufgesucht, bis im Jahr 431 n. Chr. Maria zur Gottesmutter ausgerufen und auf die Altäre der dortigen frühchristlichen Kirchen gesetzt wurde. Diana kümmerte sich um alles Leben und war vor allem Geburtsgöttin.

Eine andere Göttin ist *Aphrodite*, uns allbekannt als die Cyprische Schönheit mit dem bezaubernden Charme. Sie hütet die Glut der Gefühle, ist Nachtgöttin und ebenfalls Quelle des Lichtes. Aus der Göttin, welche die Herzen bewegt und belebt, beunruhigt, ja mit ihrem süßen Lächeln bezaubert, verzaubert, wird in späterer Zeit die süße Bestie, die Hexe, deren naturhafte Urmacht tödlich sein kann.

Und noch ein drittes Beispiel: *Artemis* – früher die *Diana von Ephesus*. Sie, die kosmische Mutter mit den vielen spendenden Brüsten ist Herrin der Fruchtbarkeit. Ihr Vorstellungsbild entspricht dem der Natur, die sich gewährt und nährt, aber möglicherweise sich auch versagen kann. Sie ist Schutzgöttin der Gebärenden. »Groß ist die Diana von Ephesus«, so tönt es in Kultgesängen.

Und später – aus patriarchalem Blickwinkel – wird die orgiastische Urfrau auf die Jägerin reduziert. Sie erscheint dann nicht mehr weiblich-rund, sondern wird in der Vorstellung der Paternisten eher männlich, sportlich, fast stählern. Man möchte meinen, sie sei frigide, männerhassend und neurotisch.

So wandelt sich das Bild der Göttin. Es ändert sich das Bild der Frau überhaupt. Ursprünglich und jahrtausendelang war sie Verkörperung erdhafter Geistigkeit. Sie war die natürliche Hüterin menschlicher Gefühlswelt. Sie war es vor allem, die eine lebensverbundene Spiritualität pflegte, wie sie heute allenthalben wieder neu gewonnen wird und aufblüht.

Dem patriarchal orientierten Denken ging all dies weitestgehend verloren. Ja, das unverfügbar Weibliche wurde sogar wie die Verkörperung einer dunklen Gefahr empfunden. Man hatte es nicht im Griff, konnte es nicht beherrschen. Darum war es fähig, den Paternisten zu verwirren, zu schwächen, sogar zu verzehren. Wie wir das später noch deutlicher sehen werden, erschien die Frau, die doch Inbegriff des Lebens war, der Angst des Mannes sogar als

Hexe. Die Angst der emanzipierten Männer vor der schon von *Plato* aufgewiesenen Zaubermacht der Frau reicht bis zu den Hexenprozessen. Den Männern der Kirche und ihren spezifischen Ängsten konnte sich das helle Gesicht der Fee, der Glücksbringerin in tendenziöser Wahrnehmung gefährlich verdunkeln. Sie glaubten, eine finstere Verderberin werde offenbar.

III. Die Angst vor dem dunklen Gott

1. Angst als Befindlichkeit

Es ist ein wesentlicher Unterschied, ob jemand gelegentlich seiner Angst begegnet; oder ob er sagt, daß er ängstlich ist: hier liegt schon eine psychische Schädigung vor; oder ob Angst sein Leben beherrscht: hier ist von einer deutlichen seelischen Krankheit zu sprechen.

Wenn ich Angst habe, dann bin ich Subjekt, und die Angst ist Objekt. Auch meinem ängstlichen Charakter gegenüber kann ich als Subjekt Kritik bewahren, kann die Zügel in der Hand behalten und kann mit meiner »Schwarzseherei« umgehen. Wenn aber die *Angst* mich beherrscht, wenn ich von ihr besessen bin, dann ist sie Subjekt und das Ich ist Objekt, ist Sklave.

Der Volksmund sagt: »Angst ist ein schlechter Ratgeber«. Die Angst als Zwingherr gibt nicht nur Rat, sie erpreßt. Und je mehr ich mich erpressen lasse, desto mächtiger und übergreifender wird die Angstherrschaft.

Manche Menschen wissen wohl zu unterscheiden zwischen Angst und Furcht. Ich fürchte mich vor dem Bären, der mir im Wald begegnet und mich anbrummt und mich mit tückischen Augen anschaut: also vor dieser ganz konkreten Bedrohung. Aber Angst habe ich im Dunkel des Waldes, denn es könnte etwas Bedrohliches kommen – ich weiß nicht was. Angst ist anonym, ist nicht zu greifen. Wenn es mir gelingt, das Anonyme als reales Gegenüber zu verifizieren, dann wird aus der Angst Furcht. Der Furcht kann ich ins Auge sehen, das Angst Auslösende hat keine Augen.

Damit wir unserem Thema der Gottesvorstellungen näherkommen können, müssen wir uns mit der Bedeutung der Angst in unserem Leben konfrontieren. Dem Menschen, der nicht krampfhaft seine Augen vor der Realität seiner Angstbefindlichkeit verschließt, ist sie etwas Natürliches und Vertrautes. Hängt sie doch mit der Brüchigkeit seiner Existenz zusammen. Er weiß, daß er angreifbar ist. Er weiß, daß er fehlerhaft ist und jederzeit durch abwertende Kritik ins Unrecht gesetzt, verneint werden kann; daß er als Gemeinschaftswesen auf ein Du, auf ein Mit-Sein angewiesen und im Allein-Sein existentiell bedroht ist; daß er niemals genügen kann, wenn Vollkommenheit von ihm gefordert wird. Darum kann er von der Forderung nach Vollkommenheit vernichtet werden.

Angst, existentielle Angst, lebt im Horizont der Bedrohung, vernichtet zu werden. – Es ist nicht leicht, die Angreifbarkeit, die Unvollkommenheit als etwas Normales zu akzeptieren – angesichts der Naturgewalten und Schicksalsschläge, von Krankheit und Tod.

Dazu fällt mir eine Geschichte ein. Im Jahr 1946 hielt *Viktor Emil Freiherr von Gebsattel,* der Altmeister der Psychotherapie, in der Psychiatrischen- und Nervenklinik der Universität Freiburg/Br. Gastvorlesungen über die Angst. Diese Veranstaltungen waren gut besucht, denn es war ein eigenes Erlebnis, *Gebsattel* zu hören: eine kostbare Mischung aus philosophischem Humanismus, tiefenpsychologischer Erfahrung, christlicher Tradition und poetischem Timbre. Dennoch waren seine Ausführungen oft nur schwer verständlich. *Gebsattel* schilderte die Angst als eine Spiegelung der psychasthenischen Reaktion in der Sphäre des Selbsterlebens: als Entmächtigung des Ich. Und er führte das Angsterleben auf die Ausgangspunkte von essentieller oder akuter Schwäche oder auch von »Werdescheu« zurück: ein Ausdruck, den er gerne und einleuchtend verwendete. Der Mensch ist dann nicht mehr imstande, die selbstverständliche Verbindung zur Natur aufzunehmen, und sein Gefühl verkehrt sich aus der Kontaktfreude in angstvolle Entfremdung.

Ich sehe noch einen älteren Kollegen nach der Vorlesung aus dem Hörsaal kommen und höre wie er sagt: Ich weiß gar nicht, was der Gebsattel mit der Angst will. Mir ist sie noch nie begegnet. – Nun halte ich es für absolut unmöglich, daß ausgerechnet einem Psychiater die Angst noch nie begegnet sein sollte. Es dürfte sich um eine innere Abwehrreaktion gehandelt haben. Wohl eine doppelt begründete: Einmal wollte er seinen eigenen Ängsten keinen Raum geben, wollte sie nicht wahrhaben; und zum anderen mag sich der Naturwissenschaftler gegen den Philosophen abgeschirmt haben. Steht doch das naturwissenschaftlich geschulte Denken des Mediziners möglicherweise einigermaßen hilflos den geisteswissenschaftlichen Ausführungen des Tiefenpsychologen und Philosophen gegenüber. Dann kommt es gerne zu solcher Verdrängung.

2. Entstehung der Angst

Bei *Gebsattel* lesen wir »Angst entsteht als Folge eines Gegeneinanderwirkens der vitalen und der geistigen Sphäre, wodurch dem Ich der Boden entzogen wird, auf dem es Halt und Stand finden könnte, um sich als Ich zu setzen und zu verwirklichen. Diese Unmöglichkeit aber, sich als Ich zu bewähren, wird in Angst als Untergang, als Sturz ins Bodenlose erfahren. Wo immer so das Ich in die Situation der Entmächtigung und des Aufgehobenseins gerät, entsteht Angst. Sie ist das Gegenstück zur Möglichkeit der Selbstsetzung und Selbstverwirklichung« (a.a.O., S. 73f.). Was heißt dies nun konkret, fragt der Naturwissenschaftler.

Auf vielfache Weise machen Menschen die Lebenserfahrung von Angst. Hier möchte ich nur einige Quellen aufzeigen, aus denen wir das Wissen um unsere Angst gewinnen können. Schon die Ausstrahlungen von Mensch zu Mensch haben ihre Wirkungen. Ruhe oder Unruhe, Zuversicht oder Mißtrauen, Mut oder angstvolles Zittern teilen sich mit; je näher man miteinander verbunden ist, desto stärker. Wie stark also erst von der Mutter zu dem Kind in ihrem Leib: Die Ausstrahlung einer ängstlichen Mutter oder auch ein akutes Angsterleben in der Schwangerschaft können sich schon vorgeburtlich einem Kind mitteilen.

Bekannt ist das Angsterleben während des Geburtsvorganges. Wenn das Kind durch den engen Geburtskanal der Scheide hindurchgepreßt und dabei die Sauerstoffzufuhr durch die zusammengepreßte Nabelschnur unterbunden wird, dann entsteht Angst: um so mehr als sich eine Gebärende gegen den Schmerz der Wehen verkrampft.

In späteren Jahren gilt die Erfahrung: »Angst ist ansteckender als Masern«. Wer wüßte nicht, wie leicht die Ängstlichkeit eines Vaters oder einer Mutter von dem Kind aufgenommen wird. Es lernt am Beispiel der Erwachsenen, daß das Leben, daß die Welt bedrohlich ist. Also muß man sich stets in acht nehmen, sich vorsehen, mißtrauisch sein.

Ein Kind ist ein bedürftiges Wesen. Es braucht Zuwendung, Wärme, braucht das Lächeln der Bejahung, den Hautkontakt ebenso wie die Nahrung. Es braucht das Gutsein und die Geborgenheit, worin es das Vertrauen, den Glauben und die Liebe lernt. Wo es von all dem zu wenig erfährt, da entsteht als Mangelkrankheit Angst.

Leider erziehen noch viele Eltern mit Angstdrohungen. Auch durch deren Erwartungen fühlt ein Kind sich eingeengt. Häufig hören Kinder: »Wenn du lieb bist, dann mag ich dich; aber wenn du böse bist, dann mag ich dich nicht.« So wird das Kind mit der Drohung von Liebesentzug unter Druck von Forderungen gesetzt. Es muß Vorleistungen an Bravsein erbringen, um von den Eltern angenommen zu werden. Daher kommt die Angst, nicht zu genügen; Angst, geschimpft zu werden – und Schimpfen hat immer Droh-charakter; Angst vor Strafe; Angst vor der eigenen Unzu-länglichkeit, Fehlerhaftigkeit und Schwäche. Angst, Angst, Angst! Manche Kinder wünschen, nicht weiterzuleben: Er-fahren sie doch, so wie wir sind, dürfen wir nicht sein; so kann man uns doch nicht lieben. Menschen lernen, sich zu hassen, sich zu ver-nichten. Sie haben Angst vor ihrem So-Sein, vor ihrem Leben. Angst vor dem Leben – wie weit verbreitet!

Wer wüßte nicht, wie üblich diese primitive Angsterzie-hung ist. Sie macht Menschen, die doch zur Freiheit ihres Selbstseins geboren werden, zu verkrampften Kreaturen. Ist es klar, daß Verkrampfungen – wo auch immer – Kenn-zeichen von Ängsten sind? Wie schön wäre ein Dasein ohne Angst! Der Mensch der Angst flieht zu einem Du, hofft auf Hilfe, auf Geborgenheit, auf Ablenkung von den eigenen erschreckenden Phantasien. Doch häufig macht er die Erfahrung, daß neue Ängste wach werden: gerade diesem Du gegenüber. Und die Phantasien sind ohne Grenzen. – *Ich mache mir Angst!*

Letztlich sind weniger äußere dunkle Mächte, Dämonen, feindliche Kräfte der irdischen und kosmischen Umwelt Quellen unserer Ängste; letztlich liegt das Bedrohende im Menschen selber. Er fühlt in sich selbst den lauernden Wolf. Eine Patientin schilderte ihr Gefühl: »Ich sitze auf der Falltüre, die in den Keller meines Unbewußten führt; und ich muß acht geben, daß sie verschlossen bleibt; sonst kommen die wilden Tiere herauf, die mich zu verschlingen drohen.« »Ich muß mich stets unter Kontrolle haben«, sagt ein anderer, »sonst könnte ich tun, was ich nicht will.« Und ein dritter: »Ich darf mir nie erlauben, schwach zu sein, sonst passiert ein Unglück.«

Die angstmachenden Gedanken sind in mir; es sind meine Gedanken. Aber ich spüre, daß sie mir nicht gut tun, daß sie mir nicht Freund sind, sondern Feind: Feind meines Ich. Wenn ich den angstmachenden Gedanken Raum gebe, wird mein Ich immer kleiner, dann treiben sie mich in das Mauseloch. Ich habe Angst, von den mein Ich vernichtenden Gedanken überfallen zu werden: Angst vor der Angst!

3. Das »Gegen-Ich«

Die angstmachende Stimme in mir ist also eigentlich eine meinem zum Leben berufenen Ich-Selbst *feindliche* Instanz, die mich nicht bejaht und akzeptiert, sondern die mich ablehnt, Nein zu mir sagt. Ich nenne diese verneinende Form der inneren Stimme *Gegen-Ich*. Sie darf nicht verwechselt werden mit der *Stimme des Gewissens*, obwohl das Gegen-Ich sich mit seiner utopischen Forderung nach Vollkommenheit oft als Gewissen aufspielt. Aber das Nein zu meiner lebendigen Wirklichkeit kann nicht Gewissen sein. Haben wir doch den Auftrag zu leben; und darüber wacht das Gewissen.

Es ist bezeichnend, daß ausgerechnet »brave Kinder« vermehrt dem Gegen-Ich ausgeliefert sind; sie, die sich durch die ganze Kindheit darum gesorgt haben, es den Eltern recht zu machen. Sie hatten nicht den Mut – oder wurde es ihnen nicht erlaubt? –, ihre Kritikfähigkeit zu entwickeln und an den Autoritäten Kritik zu üben, ohne die ein Erwachsenwerden, Reifen und Selbständigsein nicht erfolgen kann. Die ganz normale Pubertätsopposition gegen die Eltern erschien als Majestätsverbrechen. Deshalb blieben sie unentwickelt, unmündig, unfähig, ihr Leben selbst zu entscheiden und zu verantworten.

Auch in späteren Jahren sind sie – ängstlich – darauf bedacht, den Eltern bzw. Autoritäten nicht zu mißfallen. Unterschwellig leitet sie die Angst vor möglicher Disharmonie, vor Streit oder gar Strafe. Deshalb sind sie die ewig Angepaßten, die es allen recht machen wollen, die immer zu Dienstleistungen bereit sind. Sie haben ein Lebensgefühl, als ob hinter ihnen so etwas wie eine Gouvernante stehe, ein Zuchtmeister, mit erhobenem, knöchernem Zeigefinger oder einem Stecken. Stets sind sie auf dem Sprung, scheinbare Forderungen und Erwartungen der Welt zu erfüllen. Um geliebt zu werden, fordern sie selbst in der Logik des Kindes das Unmögliche, die Vollkommenheit. Sie provozieren damit bereits ihr Scheitern.

Die Französische Psychiatrie hat für diesen Charakter die bildstarke Bezeichnung *Obsession*. Das ist die »Faust im Nacken«, die so vielen »Braven« wohlbekannt ist. Und wenn man fragt, wer einem zu diesem Gegen-Ich einfällt, dann tauchen oft die Gestalten der Eltern, Vater oder Mutter auf – wenn solch aufmüpfige Gedanken überhaupt zugelassen werden. Es sind die Autoritäten der Kindheit, aus denen das Gegen-Ich entsteht, sofern sie nicht in der Pubertätsentwicklung abgebaut wurden.

Das Gegen-Ich, so sagten wir, erlaubt dem Ich nicht zu werden und zu sein. Es ist der Feind des Ich – auch wenn es von den »lieben Eltern« stammt; es will das Ich klein und demütig halten. Dazu bedient es sich einiger »pädagogischer« Maßnahmen. Als erstes ist da der *Zweifel* zu nennen. »Ist das auch gewiß richtig, was du da gesagt, entschieden, getan hast?« Der Zweifel will verunsichern: Das Ich wird in Frage gestellt. Höchstwahrscheinlich bin ich tadelnswert. »Sei bloß still und bescheiden! Bleib im Hintergrund. Ab ins Mauseloch: Trau dich nicht! Verzichte auf das Angebotene, du brauchst das doch nicht.« Sich etwas gönnen, ist unbescheiden; das steht dir eigentlich nicht zu, ist ungehörig. »Hüte dich, frech zu sein! Oder gar neugierig!« Die Verneinung des Ich ist deutlich und unüberhörbar: die Ich-Feindlichkeit.

Der zerstörerische Charakter des ich-feindlichen Zweifels ist klar zu unterscheiden von einer aufbauenden Selbstkritik. Auch sie stellt in Frage, aber mit ermutigendem entwicklungsförderndem Charakter. Sie ist ein Teil der Selbstliebe.

Aber für den Menschen, der in der Selbstliebe, hier der Selbstförderung, schwach ist, der sich nicht mag, ist der Zweifel nur Vermehrung der Selbstunsicherheit, ist er entmutigend. Der Selbstsichere hat Gewinn, wenn er sich hinterfragt, der Selbstunsichere wird von Angst bedroht.

Der zweite Grad der Bedrückung ergibt sich aus dem ersten. Solltest du trotz all dieser Warnungen einen Schritt machen wollen auf das Leben zu, kommt *Angst*: vor möglichem Irrtum, vor Streit, vor Vorwürfen, vor Strafe. Zu mißfallen – wem? – wäre schlimm. »Laß das besser bleiben; gehe nicht diesen Schritt vorwärts, nicht auf das Leben zu; bleibe stehen.« Wer das Lebensfeindliche dieser Stimme erkannt hat, könnte doch den logischen Rückschluß ziehen: Solcher Angststimme folgen, ist *nicht* leben. Und umgekehrt: Entgegen dieser Neinstimme handeln, dürfte höchstwahrscheinlich richtig sein.

Das gleiche gilt für den nächsten Grad der Verneinung, das Wecken von Schuldgefühlen. Sie sind wohl zu unterscheiden von Schuld*bewußtsein* und sind immer neurotisch. Sie sind entzündet durch das ich-feindliche und lebens-feindliche Gegen-Ich und treten auf, wenn ich wirklich einen Schritt auf das Leben zu – trotz der Nein-Stimme – gewagt habe; wenn ich zu mir gestanden habe, anstatt mein Ich zu verraten; ja schon, wenn ich ernsthaft in mich hineinfrage: Was möchte *ich* denn jetzt?

Wieder können wir logisch schlußfolgern: Das tun, von dem ich weiß, daß solche neurotischen Schuldgefühle hochkommen, ist höchstwahrscheinlich – gegenläufig zu den geschilderen Schuldgefühlen – das richtige.

Sollte ich mich jedoch von der Autorität des Gegen-Ich leiten und vom Leben fernhalten lassen, sollte ich mich entmutigen lassen, die Zügel doch in die Hand zu nehmen, zu entscheiden und zu verantworten, dann verfehle ich mich selbst, verfehle mein Leben. Die natürliche Antwort auf dieses Versagen ist die *neurotische Depression*, die sich steigern kann bis zur Verzweiflung. Das ist der vierte und letzte Grad der Unterwerfung des Ich unter das Gegen-Ich.

Das Gegen-Ich als Angstmacher hat aber nur so viel Macht über mich als *ich* ihm einräume. Je mehr ich mein Verhalten nach seinen Drohungen richte, je mehr ich nachgebe, mich ihm unterordne, desto mächtiger spielt es sich auf – bis hin zum Großtyrannen.

Anders wäre es, wenn ich die geistigen Entwicklungsvorgänge nachholen könnte, die in der Pubertätszeit notwendig gewesen wären: wenn ich mein kritisches Denken entwickelte und die Opposition gegen das lebensfeindliche Gegen-Ich wagte. Dazu müßte ich mich entschieden trauen: nicht selbstverzärtelnd dem Druck des Unangenehmen nachgeben, sondern mich durchsetzen. Das kritische Denken fragt nach der Wahrheit: Stimmt denn das, was der Angstmacher mir da einflüstern will? Muß ich denn vollkommen sein? Natürlich habe ich Fehler! Wenn ich aus meinem Mauseloch herauskommen will, muß ich mich trauen, muß das Leben wagen mit meiner Schwachheit, mit all meinen Fehlern, mit der Möglichkeit zu irren und Anstoß zu erregen und getadelt zu werden. Das alles ist vergleichsweise harmlos gegenüber der Alternative des Nicht-lebendig-Seins. Die Angst als »Krankheit zum Tode«!

4. Angstnenner

Das Bedrohliche der Angst hängt mit der Dunkelheit zusammen, aus der sie hervorzubrechen pflegt. Wenn es uns gelingen würde, das Licht des Erkennens einzuschalten und der Angst ins Auge zu sehen, dann könnten wir mit ihr umgehen. Das ist also wie in einem dunklen Zimmer. Ich spüre, daß da jemand ist, den ich nicht sehe. Ich fühle mich bedroht. Ich habe Angst. Gelingt es mir, die Zimmerbeleuchtung anzuschalten, dann sehe ich den Eindringling. Ich kann ihn stellen, kann mit ihm reden, vielleicht kenne ich ihn sogar (das Gegen-Ich). Aus der Angst wird Furcht, oder sie löst sich sogar auf.

Vielfach können wir beobachten, wie Menschen versuchen, ihren namenlosen Ängsten einen Namen zu geben, einen »Nenner«. Sie möchten damit das Dunkle ans Licht holen und hoffen, dann mit dem Beängstigenden umgehen zu können. Solch ein – erfundener! – Angstnenner kann viele Namen haben. Zum Beispiel: »Ich habe Krebs!« Nun werden alle möglichen Symptome als Beweis für diese Krankheit angstvoll beäugt. Wenn aufgesuchte Ärzte keinen entsprechenden Befund erheben können, wird ihnen selten Glauben geschenkt. »Vielleicht« – so heißt es – »sei der Krebs noch nicht zu erkennen.« Man kann Krankheiten auch »herbeiängstigen«.

Es wäre wichtig zu verstehen, daß die reale Krankheit nicht »Krebs« heißt, sondern »Angst«. Und daß der Nenner »Krebs« Erfindung der Angst ist – der Angst vor Ver-Nichtung!

Es ist zu vermuten, daß auch die sogenannte »Erbsünde« ein Angstnenner ist, eine plausibel klingende Erklärung für die existentielle Angstbefindlichkeit. Der Begriff Sünde hat als Gegenüber einen richtenden Gott. Mit dieser Vorstellung wird die Angst in Furcht vor Strafe verwandelt. In Demut, mit Opfern, Bußleistungen, Selbstgeißelung,

72

Askese, Kasteiungen, rituellen Waschungen können wir Versuche erkennen, mit der Sündhaftigkeit, also mit der Angst, umzugehen und sich einen gnädigen Richter zu verschaffen. Die *existentielle* Angst hingegen kann nur im Vertrauen auf einen barmherzigen Gott gegenstandslos werden.

5. Angstabwehr

Angst und Schuldgefühle sind echte Qualen. Es ist verständlich, daß man solcher Qual entgehen möchte. Wenn Lebendigsein ein Wagnis ist, das Angst hervorruft, fühlt man sich dann nicht besser, sicherer, im Zustand der Starre? Das ist eine große Versuchung, für die Verminderung der Ängste mit der Einengung des Lebendig-Seins zu zahlen.

Es ist wichtig, daß wir unsere ganz spezifischen Formen der Angstabwehr und der Einengung unseres Lebens kennen; daß wir also unsere lebensfeindlichen Verhaltensweisen als solche realisieren. Diese können sehr verschiedene Formen haben: Da ist zum Beispiel ein Mensch, der über seine Einsamkeit und Isolation klagt. Er ist einen Schritt in der Entwicklung weiter, wenn er erkennt, daß er eigentlich Angst hat vor den Menschen und daß er darum die Kontaktmöglichkeiten flieht. Ein anderer fühlt sich den Anforderungen des Lebens oder den Erwartungen der Mitmenschen nicht gewachsen und wagt sich deshalb nicht aus seiner Wohnungstüre hinaus. Am liebsten bliebe er in seinem Bett, da wäre er am wenigsten angefochten von seinen Ängsten.

Vielen sind ihre Absicherungen nicht bewußt. »Ich habe doch keine Angst, sondern bin nur vorsichtig, und das mit gutem Grund.« »Meine Verhaltensweise erscheint dir vielleicht als komisch, sie ist wohlbegründet und darum ganz natürlich.« Oder Menschen sind derart gebannt von dem äußeren Nenner ihrer Ängste, und können nicht sehen, daß ihre eigentliche Angst aus dem als Bedrohung empfundenen Inneren kommt, aus ihrem unbewußten Lebendigsein. Mögliche Formen der Abwehr richten sich nach den jeweiligen Angstnennern. So wird beispielsweise derjenige als Angstabsicherung zum Perfektionismus neigen, der vor seiner Fehlbarkeit Angst hat. Oder er wird ein Legalist sein unter genauester Beachtung der Gesetzesparagraphen oder einer Kollektivmoral (»*man* muß, *man* darf nicht«). Oder es hat ein Mensch Angst vor Ansteckung – Bakterienphobie – und vermeidet nun als Abwehr Türklinken anzufassen oder einem anderen die Hand zu geben. Ich kenne einen Arzt, der deswegen Handschuhe trägt: »Wo doch erwiesenermaßen so viele Infektionen mit den Händen übertragen werden.«

Jede seelische wie auch körperliche Verkrampftheit ist ein Versuch der Angstabwehr. Aber keine Erstarrung, kein Davonlaufen kann retten. Die Angst wird wieder einholen, einfangen, wird überfallen und ins Übergroße wachsen.

Eine der für unser Leben wichtigsten Formen der Angstabwehr ist die Verdrängung. Bekannt ist der Satz: »Was ich verdränge, das bedrängt mich«. In bezug auf die Angstabwehr können wir ihn umkehren: »Was mich bedrängt, das verdränge ich«. Verdrängung unserer Vergangenheit ist damnatio memoriae. Und das können wir alltäglich beobachten: »Es ist nicht, was nicht sein darf« (*Wilhelm Busch*). *Georg Christoph Lichtenberg* (1712-1799) war in Göttingen Professor für Physik. Er war ein außergewöhnlich scharfer Beobachter der Menschen und ihrer Schwächen und ein grundgescheiter Satiriker. In seinen glänzenden Aphorismen schrieb er beispielsweise: »Das hast du getan – sagt dein Gedächtnis; das kannst du nicht getan haben, sagt deine Eitelkeit; und dann gibt das Gedächtnis nach.« So ist das!

Wir sind vielfache Meister im Verdrängen von Peinlichkeiten. Und die Erziehung durch Familie, Gesellschaft und Kirche macht aus gar manchen Verdrängungen geradezu Tugenden. Musterbeispiele bieten die ganz natürlichen, aber verdrängten Aggressionen – schon in der Kinderstube; oder auch die Negativseite unserer Gefühlsbeziehungen, der sogenannte Haß, der doch »nicht sein darf«. Oder wie viele Wünsche sind unerlaubt; man darf sie am besten schon gar nicht bewußt werden lassen. Oder die »bösen Triebe«, die früher im Repertoire der Religionslehrer eine so wichtige Rolle spielten.

All dies, was uns derart peinlich bedrängen mag, verfällt der *Ver*drängung. Und was wir *ver*drängen in unser Unbewußtes, in den »Schatten«, das kann uns später dann wieder *be*drängen. Eine Quelle unserer Ängste!

Hinsichtlich der Angstabwehr gilt: Nur wer sein Leben wagt, wird es gewinnen. Wer sich abzusichern trachtet, der wird sein Lebendigsein verlieren.

6. Die Angst des Patriarchats

Der Entwicklungsschritt des aufkommenden Patriarchats war ein großer Gewinn für die Menschheit. Das neue Bewußtsein des männlichen Vermögens – nicht nur der sexuellen Potenz, das Fortschreiten der Erkenntnisse, die neugeborene Wissenschaftlichkeit mit ihrer Fähigkeit zu abstraktem Denken, das Erfassen der Welt – all das war Fortschritt – und nicht nur für den Mann. In diesen Jahrhunderten des Heranreifens begegnen wir dem Streben nach höherer Geistigkeit, dem Mühen um Klarheit der Formung und um Ordnung. Das spiegelt sich in den hierarchischen Strukturen und der Disziplinierung des Denkens und später in der Wertung von Konformität und

Übereinstimmung. Ein neues Denken kam auf, das zielge-
richtet-linear die Welt zu erobern trachtete. Erstmals und
sehr allmählich gelangte die Individuation ins Blickfeld
und auch ihr Gegenstück, die Gemeinschaft.

All diese Errungenschaften mag man dem neuen Patriarchat zuordnen. Doch wurden sie von ihm mit Verlusten
anderer Werte teuer bezahlt. War ja mit der Entwicklung
der Ratio eine zunehmende Entfernung von den Quellen
des Seins, vom Mutterboden verbunden. Der Mensch, der
aus dem Dämmern der Kulthöhle heraustrat, entfremdete
sich der alten Mutterreligion.

In manchen Mythen können wir hören, die Große Mutter
selbst gebar den Sohn. Eines Tages war die Zeit erfüllt,
und die Menschheit war reif, daß das Männliche aus dem
Schatten heraustreten und ans Licht der Welt kommen
konnte. Ein vielfach bedrohter Säugling erst, ein noch sehr
hilfsbedürftiges und schwaches Kind. Aber später, heran-
gewachsen, entmachtete es seine Mutter und erhob An-
spruch auf ihren Götterthron. Wir betrachteten früher
schon die Abwertung der weiblichen Gottheiten. Aber der
Sohn, die Söhne, fühlen sich noch immer von den Großen
Müttern bedroht. Und noch immer ist das Weibliche Quelle der Angst.

Angst wuchs aufgrund der Verdrängung der peinlichen
Vergangenheit, in welcher das Männliche derart unbedeu-
tend, mißachtet, in Dienstbarkeit stand. Peinlich schon die
Erinnerung an jene Zeit, in der der Mann das Weibliche
und seine Symbole verehrt und angebetet hatte. Angst
aufgrund der mehr oder minder gelungenen damnatio
memoriae, der Geschichtsfälschung. Peinlich, wenn eines
Tages die Wahrheit dennoch ans Licht kommen sollte.
Angst aber schon ganz einfach aus dem Verlust des Wur-
zelbodens. Das Verkopfen ging so weit, daß der Paternist
sich gelegentlich sogar seiner »Herkunft vom Weibe her«
schämte.

Dabei verlor besonders der Mann viele seiner kostbaren Ausstattungen und Fähigkeiten. Es verkümmerte die Welt der Gefühle, der Phantasie und Imagination. Instinkt und Intuition wurden als »unmännlich« verachtet und abgetan. Verpönt waren all die irrationalen Kräfte, in denen die Frauen Meisterinnen waren, diese »Hexen«. Wie peinlich war es gar vielen Männern, mit ihrem Geschlechtstrieb derart auf die Frau verwiesen zu sein! Auch die Welt des alt-jungen Gottes Eros mit ihrer blühenden Sinnlichkeit hatte mit der männlichen Vernunft und Geistigkeit nichts zu tun; sie machte schwach und abhängig, war rundum nichts als zu verabscheuen. All das mußte man am besten in den Schatten stellen oder wurde in die Heimlichkeit eines zwielichtigen Hinterzimmers verbannt; blieb aber dennoch eine munter sprudelnde Quelle der Ängste: Es war nur gut, mißtrauisch zu sein gegenüber der Welt und auch sich selbst gegenüber, besonders vor dem Halb- oder Ganz-Dunkel des Unter- und Unbewußten. Man muß auf sich aufpassen; darf sich nicht gehenlassen. Wir erinnern uns: Mißtrauen ist die Einbruchspforte für das Gegen-Ich und damit für die Angst.

Im Trachten nach Absicherung – das gilt bis heute – schafft man am besten klare dualistische Fronten: Gut – böse; hell – dunkel; erlaubt – verboten; Tag – Nacht; bewußt – unbewußt; Verstand – Gefühl; Mann – Frau. Klare Trennung: entweder – oder. Das Sein des Menschen wird gespalten. Dafür herrscht Ordnung und Gesetz. Der Boden für die Leistungsethik ist bereitet. Daran kann man sich halten.

Darf ich noch einmal an den alten *M. P. Cato* erinnern mit seinem klassischen Satz: »Erinnert euch all der Gesetze, mit denen unsere Vorfahren die Freiheit der Frauen gebunden, durch die sie die Weiber der Macht der Männer gebeugt haben: Sobald sie uns gleichgestellt sind, sind sie uns überlegen.«

Nun erkennen wir auch hier die Angst: Angst vor dem Naturhaften, Angst vor dem aus sich Lebendigen, Angst vor der Frau: neurotische Angst!

7. Die Väter der dualistischen Anthropologie

Unsere Kirche baute ihr soziologisches, aber damit auch ihr ethisches und religiöses Gebäude auf dem paternistischen Denken der Zeit und seinen Ängsten auf. Sehr früh schon wurde sie *Institution* mit Regeln und Ordnungen. Es war eine typisch patriarchale Institution. Wir können den neurotischen Fehlhaltungen unserer Kirche nur dann gerecht werden, wenn wir die patriarchal bestimmte Antike als das dem kirchlichen Werden Vorausgehende erkennen und festhalten. Vergleichsweise könnte man sagen, die Denker des Altertums waren die geistigen Väter, die Institution Kirche war die Tochter. Sie hat die Väter beerbt, hat vieles vom antiken In-der-Welt-Sein übernommen, ist von ihm geprägt worden, ist also nicht originär. Wie Neurosen gern von einer Generation an die nächste weitergegeben werden, so ist auch die »christliche« Neurose eigentlich eine vorchristlich paternistische.

Die patriarchalen Väter vererbten der Kirche auch ihre Problematik, die sich aus der Loslösung vom Matriarchat ergeben mußte. Wir sahen schon den Verlust an gewachsener Erdhaftigkeit, der sich im Streben nach höherer Geistigkeit einstellte. Wir sahen die Unterdrückung des Weiblichen, den Verlust an Eigenschaften, die als »unmännlich« verstanden und deshalb verachtet wurden. Wir sahen die damnatio memoriae, diesen gewaltsamen Vorgang der Verdrängung und Geschichtsfälschung. Ja, wir sahen bereits die dualistische Anthropologie, die von der Lehrkirche zwar theoretisch verurteilt, praktisch jedoch ängstlich gepflegt wurde und wird.

Diese paternistische Erbschaft mit ihrem gerüttelten Maß an Ängsten hat die institutionelle und Lehr-Kirche nicht nur übernommen, sondern ihr einen eigenen *kirchlichen* Akzent verliehen, wodurch sich ihr neurotischer Charakter verstärkte.

Ehe wir uns dem kirchlichen Angstverhalten zuwenden, wollen wir zwei Ahnenreihen unserer christlich–neurotischen Leib- und Geschlechtsfeindlichkeit aufzeigen. Die erste ist am frühesten nachzuweisen. Sie geht von Persien aus und führt über die altorientalische Gnosis und von da über das hellenistiche Judentum zum Christentum. Hauptexponent und von größtem Einfluß auf die christliche Kirche war *Mani*, der Begründer des Manichäismus.

Die zweite Ahnenreihe ist die der griechischen Philosophie, deren Denken ebenfalls für das Christentum von entscheidender Bedeutung war. Es ist verständlich, daß man diese beiden Stammreihen nicht streng zu scheiden vermag, da immer wieder gegenseitige Beeinflussungen stattgefunden haben. Wir gehen hier zeitlich vor und beginnen mit Zarathustra.

a. Zarathustra

Die Lebendsdaten des Zarathustra oder Zoroaster sind nicht sicher. Manche glauben, er habe schon um 1100 v. Chr. gelebt; andere meinen, ihn etwa um 580 nachweisen zu können – dann wäre er Zeitgenosse des *Gautama Buddha,* des *Lao-Tse,* des *Konfuzius* sowie der alttestamentlichen Propheten *Daniel, Ezechiel* und *Jeremias,* die alle um das 6. Jahrhundert v. Chr. lebten. Neuere Forschungen glauben, mit Genauigkeit angeben zu können, *Zarathustra* habe im Jahr 588 mit 42 Jahren mit der Verkündigung seiner Lehre begonnen. Er sei in Balch, der ehemaligen Hauptstadt Baktriens, einer persischen Satrapie am Nordrand des Hindukusch in Afghanistan, geboren. Möglicherweise kam er vom Mithraskult her, bei welchem er ein Magier gewesen sein soll. Er stiftete bzw. erneuerte die altpersische Religion. Die ältesten Teile des Avester (auch Zendavester), die Gathas, gehen im wesentlichen auf ihn zurück.

Die Religion des *Zarathustra*, der Parsismus, ist dualistisch. *Zarathustra* entwickelte den Gegensatz von Licht und Finsternis zu dem Begriff des Guten und des Bösen. In seiner Lehre herrschen nebeneinander *Ahura Mazda (Ormudz)*, was soviel bedeutet wie »Weiser Herr«, der Herrscher des Lichtes mit seinen Lichtgeistern, und auf der anderen Seite *Ahra Mainyu (Ahriman)*, der Herr der Finsternis mit seinen Dämonen. Zwischen den beiden Geisterwelten findet ein ununterbrochener Kampf statt. Jeder Gläubige ist verpflichtet, zum Sieg des Guten entscheiden zu helfen.

Die erhabene Gottes- und Sittenlehre des Zarathustra ist bis heute noch lebendig. Der neuere Parsismus lehrt den Glauben an einen einzigen Gott und eine hohe Ethik. Rituelle Waschungen, Gebetsrezitationen und Feuerkulte werden gepflegt. Ihre Leichen setzen die Parsen in Totentürmen den Vögeln zum Fraß aus.

Später wanderten sie zum großen Teil in den Westen Indiens aus. In Bombay leben heute noch etwa 100 000 Parsen, die großes Ansehen genießen. Noch immer hoffen sie, das »Herz der Welt« einmal zu gewinnen.

Ihr Glaubensbekenntnis gibt uns Aufschluß über ihre Lehre: »Ich verschmähe, ein Dewen-Anbeter (ein Götzenanbeter) zu sein. Ich bekenne mich als Mazda-Anbeter, als Zarathustrier, als Feind der Dewen, als Bekenner des Herren, als Lober der unsterblichen Engel... Dem Ahura-Mazda verspreche ich alles Gute, ihm, dem Guten, Heiligen, Gerechten, Prächtigen und Herrlichen..., von dem die Kuh, von dem das Gesetz, von dem das Firmament stammen…. Ich schwöre ab dem Diebstahl… Ich entsage der Gemeinschaft mit jedem Bösen, wer es auch sei, in Gedanken, in Worten, in Werken, in Mienen… Ich bekenne mich als Mazda-Anbeter, als Zarathustrier, mit Gelöbnis und Bekenntnis. Ich gelobe gutgedachtes Denken, ich gelobe gutgesprochenes Wort, ich gelobe gutgetanes Werk…«

b. Pythagoras

Es wird verschiedentlich die Meinung vertreten, die dualistische Anthropologie, der wir in der griechischen Philosophie allenthalben begegnen, sei unter orientalischem, genauer unter persischem Einfluß entstanden. Es ist durchaus möglich, aber meines Wissens nicht nachzuweisen, daß schon der Licht-Finsternis-Dualismus des *Zoroaster* bis auf die Peloponnes ausgestrahlt hat. Erst im 6. Jahrhundert v. Chr. finden wir in Hellas Gedanken, die eindeutig den Beginn jener Ahnenreihe griechischer Philosophie anzeigen, die unsere christliche Ethik und Askese stärkstens beeinflußt hat.

Der erste, den wir hier nennen wollen, ist *Pythagoras* (etwa 580-496 v. Chr.). Er stammte aus Samos. Schülern ist dieser Wissenschaftler meist nur von dem geometrischen Lehrsatz, »dem Pythagoras«, her bekannt. Mit halbem Ohr hat man vielleicht von der philosophischen Schule der Pythagoräer gehört, freilich, ohne sich darunter allzuviel vorstellen zu können. Am wenigstens weiß man üblicherweise von seiner Seelenwanderungslehre, die jedoch für uns von großer Bedeutung geworden ist. Prägte sie ja seiner Ethik den Charakter schroffer Leibverneinung auf. Und diese pythagoräische Ethik bestimmte in leichten Abwandlungen durch die letzten zweieinhalbtausend Jahre die Askese der Frommen: Sie fordert *möglichst vollkom-*

mene Leibbezähmung und Triebbeherrschung. Denn nur die nach dem Tode weiterlebende Seele hat eigentlichen Wert, während im Leib das Vergängliche, Verwesliche erfahren wird, das, was zu Lebzeiten die Seele an sich fesselt und gefangen hält.

c. Platon und Aristoteles

Platon (427-347 v. Chr.), Schüler des Sokrates, lehrte das pythagoräische Weltbild. Auch die Gedanken des *Zarathustra* schienen ihn angeregt zu haben. Er hatte in Ägypten gelernt und war wohl dort mit dem parsisch-indischen Denken in Berührung gekommen. Wir finden in seiner Anthropologie eine deutliche *Absage an den Leib*, an das Stoffliche des menschlichen Seins und *vor allem an die Geschlechtslust.* Im »Phaidon« bezeichnet er die Lust als den Nagel, mit dem der Mensch festgehalten werde im Leib. Und in der »Politeia« nennt er die Lust ein Lockmittel des Bösen.

Der bösen Leibnatur gegenüber, in die der Mensch eingebunden ist als Strafe für die Schuld des Geistes, deutet *Platon* die Geistnatur des Menschen als Erscheinung des Göttlichen. Im vernünftigen Seelenteil sieht er nicht nur das Wertvollste, sondern das Eigentliche des Menschen. So bahnt sich ein Denken an, in dem das Stofflich-Materielle – und damit der Leib – zum In-sich-Bösen und zum dämonischen Prinzip erklärt, die Geist-Seele zum In-sich-Guten und Göttlichen erhoben wurde.

Dem, was man unter »Leib« verstand, wurde dabei zugeordnet: die Strebungen der Selbsterhaltung, noch mehr aber die der Arterhaltung; damit das Naturhaft-Kreatürliche, der Bereich des Gefühls, die Sinnlichkeit, das geschlechtliche Begehren und vor allem die Lust. Die Geschlechtslust wurde im Gefolge dieses Denkens zum besonderen Exponenten des Bösen.

Aus dieser Anthropologie ergeben sich als ethische Forderungen: Durch größtmögliche Geistigkeit soll der Mensch immer gottähnlicher werden. Darum verachtet er Leib und Sinne als geistfeindlich. *Platon* läßt in Phaidon den *Sokrates* sagen: »Durch die Leidenschaften der Begierden, Liebe und Ängste, alle möglichen Trugbilder und tausend Nichtigkeiten verwirrt uns der Körper (!), so daß es uns in Wahrheit infolge der Vereinigung mit ihm überhaupt nicht möglich ist, irgendwelche vernünftigen Einsichten zu erlangen.« Also muß der im feindlichen Gegensatz zur göttlichen Geist-Seele stehende Leib bekämpft und bezwungen werden.

Aristoteles (384-322 v. Chr.) behält – ähnlich seinem Lehrer *Platon* – dessen *negative Wertung der Sinnlichkeit* bei, stimmt mit ihm überein im Grundsatz des Dualismus, daß der Vernunftwille nur auf das Gute gerichtet sein kann, die dem Leib zugeordnete Begierde nur auf das Schlechte.

d. Dreischichtenlehre

Bei *Platon* und ebenfalls bei *Aristoteles* finden wir die sogenannte Dreischichtenlehre. Sie gelangte über den heidnischen Juristen *Ulpianus* (um 200 n. Chr.) in das römische Recht und wurde wie vieles andere in das Christentum überführt. Sie hat sich bis in unsere Tage mit all ihrer lebensfeindlichen Starre hemmend ausgewirkt.

In dieser Lehre wird der Mensch als in drei Lebensbereichen existent gesehen: Im Bereich des Vegetativen, den er mit den Pflanzen gemeinsam hat und worin es um die Lebenserhaltung geht. – Im Bereich des Animalischen, in welchem der Mensch mit dem Tier vergleichbar ist. Hier geht es um die Arterhaltung, also um das Gebiet, in dem das Geschlechtliche beheimatet wurde. – Und schließlich wird ein dritter Bereich angenommen, der des Geistigen.

Er wird als der höchste bewertet, macht er doch den Menschen erst eigentlich zum Menschen. In ihm fühlt er sich der Welt der reinen Geister, der Welt des Göttlichen verwandt.

Auch die Dreischichtenlehre beinhaltet also ein Wertungsprinzip. Auch sie spaltet den Menschen, sieht ihn nicht als Einheit und Ganzheit. Daß alles, was mit dem Geschlecht zu tun hat, als animalisch, das heißt tierisch angesehen wurde, hat sich verheerend auf unsere Geschlechtsmoral ausgewirkt. Nicht weniger tragisch ist die Bemühung der katholischen Kirche durch Jahrhunderte bis zum Zweiten Vatikanum, *die Ehe von der Natur des Tieres her verstehen zu wollen*, um sie dann – erstaunlicherweise erst seit dem Tridentinum und als gegensätzliche Formulierung zu *Luthers* Auffassung, Ehe sei ein »weltlich Ding« – als Sakrament geistig zu überhöhen und zu heiligen.

e. Stoa und »Tugend der Reinheit«

Die Ahnenreihe des Dualismus führt von *Pythagoras* und *Plato* über *Aristoteles* zur Stoa, einer griechisch-römischen Philosophenschule, die als »ältere«, »mittlere« und »jüngere« Stoa von etwa 300 v. Chr.-300 n. Chr. bestand und ein außerordentlich hohes ethisches Niveau hatte. So verschieden die philosophischen Lehren sein mochten, in ihrer Wertung von Vernunft und Gefühl waren sie sich sehr ähnlich. So sah die gesamte Stoa die Gefühle und deren Bewegungen des Gemütes als unvernünftig an. Es seien »Falschurteile«, da ja Affekte die abgeklärte Ruhe der weisen Vernunft zerstören können. Man geht noch einen Schritt weiter und ist damit einigermaßen originell: Eigentlich handle es sich bei diesen unvernünftigen Gefühlen um eine *Krankheit der Vernunft*. Zwar geht man damit nicht zum Psychotherapeuten bzw. damals zum Priester, zum Heiligtum von Delphi oder sonstwohin, wohl aber stellt man die ethische Forderung auf, diese Krankheit müsse nicht nur beherrscht werden, sondern die Gefühle seien nach Möglichkeit »auszurotten«.

Und dann kommen die uns bereits geläufigen Kombinationen: Die Gefühlswelt wird mit Sinnlichkeit und geschlechtlichem Begehren in einen Topf geworfen und, da der Vernunft feindlich, dem »Leib« zugeordnet. Und nun haben wir wieder den bösen Leib und das verwerfliche Geschlecht, also den anthropologischen Dualismus.

Von allen Philosophen der Stoa wollen wir nur einen erwähnen, *Poseidonios,* der von 135-50 v. Chr. lebte und der mittleren Stoa zugerechnet wird. Dieser hochinteressante Wissenschaftler konstruierte um das Jahr 85 v. Chr. in Rom eine astronomische Uhr, ein beispielloses Kunstwerk der damaligen Zeit. Außerdem taucht bei ihm als erstem in der Literatur der Name »Germane« auf.

In geistiger Gefolgschaft von *Poseidonios* stand *Philon von Alexandrien* (25 v. Chr.-50 n. Chr.), ein wichtiges Glied in der Ahnenreihe des Dualismus. Er wird als Vorläufer der christlichen Väter-Theologie angesehen. Und natürlich finden wir auch bei ihm den bewährten Grundsatz: Triebstrebungen und damit die Leiblichkeit des Menschen sind Hindernisse des sittlichen Strebens und damit böse.

Die letzte große Periode griechischer Philosophie ist der Neuplatonismus. Hier ist es vor allem *Plotin* (203-269 n. Chr.), der die Gedanken der Leibfeindlichkeit und des Geschlechtspessimismus in das junge Christentum hineintrug. Leib ist Bürde und Sünde. Das Wesen der Tugend – und also auch der christlichen! – ist das Reinsein von fleischlichen Lüsten und Leidenschaften. *Kampf um die Reinheit und Reinigung von sinnlichen Begierden ist wichtigste Askese.* Von *Plotin* wurde der uns so geläufige Begriff der »Tugend der Reinheit« geprägt, den die Kirche von ihm begeistert übernahm. Reinheit wurde dabei als Freisein von sinnlicher Begierlichkeit aufgefaßt.

Damit beenden wir die griechische Ahnenreihe der christlichen Leibverneinung und wenden uns als letztem heidnischen Lehrer aus der persischen Stammreihe des Dualismus dem Mani zu. Er steht der pessimistischen Weltanschauung des Gnostizismus am nächsten.

f. Mani

Mani, Begründer des Manichäismus, war Dualist im extremen Maße. Er kann als der eigentliche Exponent der im Christentum noch heute fortschwelenden Geschlechtsfeindlichkeit angesehen werden. War ja der Kirchenvater *Augustinus* vor seiner Bekehrung zum Christentum *neun Jahre lang eifriger Anhänger des Manichäismus* und blieb sein Leben lang unverkennbar von dessen Ideen geprägt. Auch im Sprachgebrauch der Theologen nennt man die allen bekannte und meist erlittene Leibfeindlichkeit »Manichäismus«. Auf Grund dieser hervorragenden Bedeutung Manis halte ich es für tunlich, etwas mehr über diesen Mann und seine Lehre zu berichten.

Geboren 215 oder 216 n. Chr., entstammte *Mani* dem vornehmen persischen Geschlecht der Haskanier, die ihre Herkunft aus Nischapur, einer Residenzstadt der parthischen Großkönige, herleiten. Er hatte sein Hauptwirkungsfeld im Raum des alten Persien. Außerdem lehrte er auch noch in Indien und China.

H. S. Nyborg (»Die Religion des alten Iran«) sieht unter Berücksichtigung der neuesten Forschungen in Mani vor allem den Religionspolitiker. Von allem Anfang an habe er mit dem Christentum Berührung gehabt und sei ohne Zweifel zu den christlichen Gnostikern zu rechnen. Mani »vertritt den auf die Spitze getriebenen Gnostizismus, er ist Gnostiker in nie wieder übertroffener Vollendung« (a.a.O., S. 411).

O.G. von Wesendonk (»Die Lehre des Mani«) sieht in Mani keinen philosophischen Dogmatiker, sondern in erster Linie einen religiös-visionären Dichter, der in Symbolen und Bildern redet. Er schildert auch das bittere Ende dieses Lehrers, der im Widerspruch zur Staatsreligion der Mazdaisten stand. Als der Oberpriester der Mazdaisten, der Mobedan Mobed, ein Gottesurteil durch flüssiges Blei vorschlug, lehnte Mani dies (begreiflicherweise) ab mit den Worten: »Das wäre Tun der Finsternis«. Darauf soll der Großkönig Baram, Sohn des Horus, den Befehl gegeben haben, Mani zu kreuzigen und seinem Leichnam die Haut abzuziehen, ihn zu »schinden«. Dies Urteil wurde 276 oder 277 vollzogen. Mani war 60.

Otto Karrer (»Das Religiöse in der Menschheit und das Christentum«) nennt die Religion Manis eine gewaltige Theosophie. Mani sieht Welt und Mensch entstanden aus der Verbindung des kosmisch-dynamischen Lichtprinzips mit der Finsternis. Diese beiden Prinzipien stehen in stetem Kampf gegeneinander. Die Seele des Menschen stammt aus dem Lichtreich. Sie wird durch vertieftes, religiöses Geheimwissen, durch »Gnosis« erlöst. Der Leib wurde eindeutig zum Geschöpf des Bösen, der Finsternis. Im Leben des Menschen geht es um den Kampf des guten Lichtes mit der bösen Finsternis, um den Kampf der Geist-Seele mit dem Leib, um die Überwindung des Stofflichen im Geistmenschen. Dabei sind es vor allem vier Bereiche, die *der Verurteilung verfallen* und bekämpft werden müssen: *Der Leib als solcher, die Sinnlichkeit, die Ehe, die Frau, also das »manichäistische Syndrom.«*

g. Die Lehre Manis

Folgende Lehrsätze des Manichäismus sind uns zugänglichen Standardwerken entnommen:

– »Die Behauptung, der menschliche Leib sei von Gott geschaffen, ist eine Gotteslästerung« (*Gustav Flügel*, Mani, a.a.O., S. 290).

– »Der Mensch ist ein Geschöpf des Satans« (*O. G. von Wesendonk*, a.a.O., S. 59).

– »Die fünfte sich an der Erzeugung des ersten Menschen beteiligende materielle oder dämonische Kraft ist die Sinnenlust asch-Schahwa (= concupiscentia, geschlechtliches Begehren). Sie spielt im System des Mani eine hervorragende Rolle. Da der materielle Teil des Menschen sein Leib oder das Fleisch ist, so hat in diesem die sinnliche Begierde ihren Wohnsitz und beherrscht ihn. *Der Leib aber ist Gegensatz der Seele, die nur das Gute wollen kann.* Die *concupiscentia* dagegen als der böse Geist ist zugleich als *Urheber aller Sünde* zu betrachten, da die Seele nicht immer vermag, die böse im Fleisch brennende Lust zu bewältigen« (*G. Flügel*, a.a.O., S. 244-245).

– »Vordringliche Aufgabe des Menschen ist der Kampf gegen die Concupiscenz« (*G. Flügel*, a.a.O., S. 247).

– »Abwendung von Sinnlichkeit, Irrtum und von falschen Religionen retten den Menschen vor den Mächten der Finsternis« (*O. G. von Wesendonk*, a.a.O., S. 21).

– »Die Sinnlichkeit ist das Haupthindernis für den Menschen, sich aus den Banden der Finsternis zu lösen« (*O. G. von Wesendonk*, a.a.O., S. 59).

– »Wer«, befiehlt Mani, »in die Religion eintreten will, dem liegt ob, daß er sich selbst prüfe; und wenn er sieht, daß er die Sinnenlust und die Habgier zu bezähmen, das Essen aller Art Fleisch, das Weintrinken und den ehelichen Beischlaf lassen ... kann, so trete er in die Religion ein« (*O. G. von Wesendonk*, a.a.O., S. 94).

– »Hieraus folgt, daß die strengste Enthaltsamkeit, verbunden mit Kasteiungen jeglicher Art, und freiwillige Armut sich als Grundsatz für den Eingeweihten herausstellt« (*O. G. von Wesendonk*, a.a.O., S. 278).

– »Iß kein Fleisch, trinke keinen Wein, gehe mit Frauen keine Ehe ein« (*G. Flügel,* a.a.O., S. 131 und 140).

– »Sie (die Ehe) dient im Sinn der Auserwählten nur dazu, den Menschen immer tiefer mit der Materie zu verwickeln und als eine dämonische Erfindung das Licht fester und unzertrennlicher in den Leib zu bannen. Enthaltsamkeit war das oberste Gesetz für jeden Eingeweihten, wie konnte also erlaubt sein, den Geschlechtstrieb zu befriedigen?« (*G. Flügel,* a.a.O., S. 28).

– *Jeder Geschlechtsverkehr – damit auch die Heirat – ist den Auserwählten* »verboten« (*O. G. von Wesendonk,* a.a.O., S. 39): Zölibat!

– »Die Frau ist eines der wichtigsten Werkzeuge des Satans« (*O. G. von Wesendonk,* a.a.O., S. 59).

– »Es machte sich aber Isa (Jesus) auf«, lehrte Mani, »redete das Geschöpf, das ist Adam, an… machte ihm bange vor Hawwa (Eva), indem er ihn über ihre heftige Zudringlichkeit aufklärte, und flößte ihm Furcht ein, sich ihr zu nähern« (*G. Flügel,* a.a.O., S. 91).

– »Der *Geist der Finsternis,* hummama, ist weiblich. Die Gleichstellung des weiblichen Prinzips mit der Finsternis ist einer der wesentlichen, wohl dem Mani selbst entstammenden Grundgedanken der Lehre und für ihre Haltung von maßgebender Bedeutung« (*O. G. von Wesendonk,* a.a.O., S. 23).

So finden wir also die vier Bereiche der manichäischen Verurteilung, das manichäische Syndrom: die Leibfeindlichkeit, die Verteufelung von sinnlichem Begehren und Geschlechtslust, die Verneinung der Ehe, schließlich die Dämonisierung des Weiblichen.

Ist es nicht erschreckend, wie vertraut unseren »christlichen« Ohren diese Lehren des Dualismus, des Manichäismus sind !

8. Die Angstneurose in der Kirche

All die besprochenen Ängste des Patriarchats und deren Hintergründe gelten in gleicher Weise für die patriarchale Institution Kirche. Hier aber war und ist diese neurotische Fehlhaltung in erhöhtem Maße peinlich, weil die Kirche sich auf Jesus beruft, den Christus. Und dieser Jesus hatte ja gerade gegen die Vorstellung eines ängstigenden Gottes den barmherzigen Vater verkündet.

Wir sahen früher die Neigung des Menschen, nach angst-abwehrender Sicherung zu suchen. Der hilfsbedürftige Mensch sucht nach Hilfe entweder immanenter oder transzendenter Natur. Alle immanenten Absicherungen haben nur relativen Wert: seien es Fluchtversuche vor dem Leben oder Streben nach Machtgewinn; sei es Hochleistung oder Perfektionismus; seien es Absicherungen durch Überspielen, Betäuben oder Maskendasein; seien es Hinwendungen zu anderen Menschen oder magischen Kräften: All das gewährt dem Menschen der Angst keinen gültigen Schutz. Darum suchen die Menschen Hilfe bei etwas Absolutem, also bei Gott. –

Und gerade diese Hilfe stellte Jesus vor Augen. Aber allem Anschein nach war seine Gottesvorstellung unvereinbar mit dem paternistischen Gott sowohl der Juden als auch später der christlichen Lehrkirche. Die Gottesvorstellung der paternistischen Angstbefindlichkeit blieb mehr oder weniger dunkel und bedrohend. Da die weiblich-mütterlichen Eigenschaften Gottes dem Bewußtsein der Gläubigen mehr und mehr verblaßten, verschwand auch das Vertrauen auf eine Geborgenheit bei einem liebenden und barmherzigen Gott. Dem paternistischen Denken lag der gerechte Gott näher.

Aber er bleibt ein dunkler, ein unverstehbarer Gott, der für alles Geschehen verantwortlich gemacht wird. Wie kann man ihn verstehen, wo es doch so viel Unheil gibt in der Welt. Er wird mit den Moiren gleichgesetzt, mit den ältesten Göttinnen, den Schicksalsfrauen der Antike. Unergründlich ist ihr Weben. Krankheit und Tod, Hunger und Not, Gewalt und Verbrechen, Krieg und Pest, Feuersbrunst und Wasserfluten, Unglück und Leid, all das kommt aus seiner Hand, »Gott hat es geschickt«. Was ist das für ein Gott? Muß man nicht vor ihm Angst haben? Vor dem All-Mächtigen, der *alles macht?*

Wir hatten früher gesehen: Unsagbare Angst sucht einen Nenner, um sich besser zurechtzufinden. Für das anscheinend von dem »gerechten« Gott verhängte Unheil bot sich der Begriff der Sünde als Angstnenner an. Sie war eine plausible Erklärung für die Angst vor Gott. Wie ein Kind, das sich zu Hause unglücklich fühlt wegen gestörter Liebesfähigkeit der Eltern, nicht ihnen, sondern sich selbst die Schuld gibt, so sucht auch der dem Schicksal ausgelieferte Mensch nach einer plausiblen Begründung für Leid und Not und findet sie in seiner Fehlerhaftigkeit, in seiner Sündhaftigkeit. Nun verhängt Gott als »gerechter Gott« über die Menschen Strafen »wegen ihrer Sünden«. Er grollt und zürnt ihnen, möglicherweise vernichtet er sie. Mit dem Begriff der Sünde wird Gottes Gerechtigkeit begründet bzw. verteidigt.

Der Mensch muß versuchen, den Zorn Gottes zu besänftigen, mit Opfern ihn zu versöhnen: Eltern ringen mit diesem Gott um das Leben ihres Kindes; Kranke bitten in unerträglichen Schmerzen um endliche Erlösung; die Menschheit liegt vor ihm auf den Knien, um das Unheil, um seinen Groll abzuwenden. Aber der verborgene Gott bleibt in undurchdringlicher Dunkelheit verhüllt. Er schweigt. Der Heilige versagt das Heil. Denn *er ist ein ganz anderer.*

Vor dem »gerechten Gott« muß man Angst haben. Man kann versuchen, sich gegen ihn abzusichern durch perfektionistische Gesetzesgerechtigkeit, wie sie von »Pharisäern« praktiziert und Gott vorgewiesen wurde. Ich bin dir getreu, so konnte einer denken, denn ich erfülle deine Gesetze bis ins kleinste; ich bin gerecht und leiste dir Werke der Übergebühr, mehr als vom Gesetz geboten wird. Du, der gerechte Gott, mußt mich belohnen. Einen barmherzigen Gott brauche ich nicht. – Noch in der Schrift lesen wir: »Seid vollkommen, wie euer Vater im Himmel vollkommen ist.« Vollkommen gerecht!

Unsere Kirche hat von den Vorvätern eine bedrückende Erbschaft übernommen. Mit diesen Ängsten trägt sie eine schwere Last. Und trotz der Verkündigung Jesu hielt sie daran fest. Wir werden die Gründe hierfür eigens untersuchen müssen. Auch an dem Angstnenner »Sünde« hielt die Institution fest, ja sie baute ihn noch weiter aus. Und das erwies sich leider gar zu oft als Fallstrick.

Auf der Seite des Klerus bot sich ein ungeheurer Macht-zuwachs an, begründet aus dem entsprechend ausgeleg-ten Herrenwort über die »Gewalt zu binden und zu lö-sen«. Der Priester hatte diese Macht zu verwalten, konnte doch nur er die allenthalben drohende Verdammnis durch einen zürnenden Gott abwenden. Schon die klein-ste Unordnung im sexuellen Leben wurde von der Insti-tution zur »schweren Sache« hochstilisiert. Als »Schaf« konnte man der Hölle nicht entgehen, es sei denn durch die Absolution des »Hirten« in der Beichte. Angst macht Macht – Macht macht Angst. Schlimm, wenn Hirten der Kirche ihrer Herde vor einem verdammenden Gott Angst machen, um damit Macht zu gewinnen. Ein Vorgang, der in den seltensten Fällen durchsichtig und verifiziert wurde und wird.

Daß Streben nach Macht eine nicht seltene Form imma-nenter Angstabwehr ist, wissen wir schon. Bei Männern der Kirche kann es sich noch dazu um einen Kompensa-tionsvorgang handeln. Ist doch psychologisch bekannt, daß Menschen, die ihren sogenannten Geschlechtstrieb

verdrängen, statt dessen den Machttrieb vermehrt entwik-
keln.

Die Gläubigen wurden in unausweichliche und anhalten-
de Schuldgefühle manövriert. Nur die Beichte kann vor-
übergehend von dem Gefühl verdammt zu sein retten. Die
Lehrkirche – verantwortlich für diese Sündenängste –
schien und scheint noch immer fixiert zu sein auf alles,
was mit der Sexualität zu tun hat. Diese neurotische Denkweise hat der Kirche unermeßlichen Schaden nach innen
und außen zugefügt. Sie brachte großes Leid über viele
Gläubige.

Dabei war es die Angst der Priester selbst, welche diese
Ängste zeugte. Kann man doch die Angst der Zölibatären
vor sich selbst nicht übersehen: vor ihrem eigenen Leib,
vor ihrer Natur, vor ihrer Geschlechtlichkeit, vor ihrem
Mann-Sein, vor dem »Dunklen da drinnen«, vor dem Unbewußten, vor dem verdrängten Schatten, vor den Gefühlen, vor den Sinnen, vor der Sinnlichkeit.

Der Rückschluß liegt nahe, daß die Sexualität insbesondere als Bedrohung des Patriarchalen empfunden wird, weil
sie – von den paternistischen Direktiven der Vernunft und
des Willens nicht abhängig – ein ihnen oft entgegenste-
hendes Eigenleben hat. Ist die Sexualität deshalb regle-
mentierenden Restriktionen unterworfen, so wurde jedes
Abweichen von dieser einengenden Ordnung als schwer-
wiegender Verstoß gewertet. Das sechste Gebot wurde
zum ersten in der Wertung, zum *punctum puncti.* »Unmo-
ralisch« war eine Verletzung nur dieses Verbotes.

Daß sich das Patriarchat von der weiblich-mütterlichen
Natur losgelöst hat, von der Erdenschwere, um seinen
Höhenflug des Geistes anzutreten, das sagten wir schon
früher. Das ist keine Erfindung der Kirchen. Aber dieser
Ächtung der »Natur« verdanken wir die Leibfeindlichkeit
unserer Kirchen und die negative Wertung der Geschlechtlichkeit. (Als Katholik könnte man sich seiner

Kirche vor Andersgläubigen schämen, wenn in Rom einst den Barockengelchen Schleier über ihre Zipfelchen gemalt werden mußten.) Auch in der Abwertung der Frau als der Projektionsträgerin für das Naturhafte ist unsere Kirche nicht originär. Sie greift auch jüdische Traditionen auf. War doch im Judentum die Frau sozial deutlich unterprivilegiert. Das ist schon im Eherecht evident, worin die Frau als Besitz des Mannes verstanden wurde wie »Ochs und Esel und alles, was sein ist«. Das »tacet mulier in ecclesia« (in der Kirche hat die Frau zu schweigen) hat ebenfalls jüdische Tradition. Hatte doch in der Synagoge keine Frau das Recht, ihre Stimme zu erheben.

Priesterinnen finden wir zu gleicher Zeit bei allen anliegenden Völkern in Ägypten, bei den Griechen und Römern, bei Kelten und Germanen. Mit der Stärkung der sozialen Stellung des Mannes im Heraufkommen des Patriarchats werden die Priesterinnen mehr und mehr eliminiert und durch männliche Priester ersetzt.

Die Angst vor der Frau als Verführerin zur Sünde und als »Hexe« ist in der kirchlichen Institution unübersehbar. Was wir von den vier Jahrhunderte dauernden Hexenverfolgungen wissen, ist erschreckend. Wie hat sich hier die männlich-patriarchale Macht und Gewalt ausgetobt gegenüber »dem Weiblichen«! Angst vor den Herren und Schergen der kirchlichen Inquisition wurde im Namen Gottes und Jesu Christi verbreitet. Wie könnte die kirchliche Hierarchie Sühne leisten an den verachteten, geschändeten, gequälten, verbrannten Frauen? Analogien zum Holocaust an den Juden fallen ein. Sogar ein Schulderkennen und -bekennen ist kaum zu erwarten, ja undenkbar.

Papst Johannes Paul II. hat zwar wahre Worte gefunden für die Würde der Frau. Aber praktisch gilt weiterhin »tacet mulier in ecclesia«; sie soll den Mund halten, un-mündig sein. Eine Frau am Altar, auf der Kanzel – wenn dies Wirklichkeit in einer anderen Religionsgemeinschaft wird, dann macht das den Papst »traurig«, so äußerte er sich offiziell. Ja, Mädchen – selbst nur in der dem »Weibe« zustehenden Haltung der Dienerin, Ministrantin – sind am Altar verboten.

Die Angst der Zölibatären vor der Natur, vor der Frau als Exponentin des Naturhaften, hat letztlich noch eine tiefere Dimension. Geht es doch um die Angst vor dem eigenen Dunkel, vor der eigenen Tiefe, vor dem Desintegrierten, dem noch nicht »Heimgeholten«, der eigenen weiblichen Seite, dem Gemüthaften, das alles ja auch im Mann potentiell angelegt ist. Natürlich spielt die Angst vor dem dunklen Wollen der Triebseite eine große Rolle. Abgespalten, verdrängt, unerlöst führt der Teil, der nicht sein darf, ein bedrohendes Eigenleben. Diese Desintegration, die Zerspaltung, der Verlust der Ganzheit Mensch, ist ein teurer Kaufpreis für die positiven Errungenschaften des Patriarchats. Nicht nur die paternistischen Männer mußten ihn entrichten, auch die Frauen. Auch sie werteten den Leib gegenüber dem Geist ab und erfuhren sich dualistisch. Auch sie verdrängten ihre Sexualität. Auch sie hatten Angst vor den »dunklen Trieben«. Auch sie erlagen aufgrund ihrer Desintegration vielfacher Verkrampftheit und Erstarrung.

Die ängstliche Verdrängung der Sinne und der Sinnlichkeit, weil diese als böse deklariert wurden, führt leider oft dazu, daß Menschen ihr Dasein als sinnlos empfinden und in einen Zustand der Depression verfallen. Aus Angst vor der Sünde wird das Lebendig-Sein abgetötet, welches doch nur emotional erfahren werden kann, wobei die Sinne Brücke sind zwischen Geist und Leib. Der Mensch wird sich selbst entfremdet, wird zerspalten und gerät so in eine kirchlich bedingte, eine *ecclesiogene Neurose*.

Fassen wir noch einmal zusammen: Der Mensch hat existentiell Angst; ist er doch vielfachen Bedrohungen von außen und von innen ausgeliefert. Seit der Loslösung vom Matriarchat scheint diese Angstbefindlichkeit stärker geworden zu sein; ging doch mit der Naturverbundenheit auch viel Geborgenheit verloren.

Der Mensch lernt kausal zu denken. Das kausale Denken fragt nach der Quelle des Unheils und damit seiner Ängste. Als plausibler »Angstnenner« bietet sich der Begriff der Sünde an. Dieser aber setzt die Existenz eines Richter-Gottes voraus. Er ist es, der erzürnt ist wegen der menschlichen Sünde, der ihn darum straft und über ihn das Unheil verhängt.

Die menschlich übliche »Angstabwehr« will den grollenden Gott besänftigen, will sich mit ihm versöhnen. Das verleitet ihn zu allen möglichen Formen einer Leistungsreligion – angefangen von Menschenopfern –, damit Gott gnädig sei. In vielen Psalmen wird entgegen dem gefürchteten Zorn die Milde Gottes angerufen und beschworen. Aber letztlich bleibt das Unheil. Alle Angstabwehr, alle Opfer scheinen umsonst. Es ist leichter, an Gottes Strafgericht zu glauben als an seine Güte.

Hilfe gibt es durch keinen Pragmatismus, sondern allein im Glauben an einen andersartigen Gott, an den »Erbarmenden«, den Jesus verkündet hat. Das Vertrauen auf ihn ändert zwar nicht das Schicksal von Krankheit und Tod. Aber wer ihm sein Herz gibt (credo = cor do), für den ist er wichtiger als das Schicksal.

Das ist wie bei einem Kranken, der schmerzgeplagt in seinem Bett liegt. Wenn dieser »andere Gott« an seine Türe pocht, und wenn er ihn in sein Zimmer und an sein Bett treten läßt, dann kann seine Gegenwart derart überwältigend sein, daß Krankheit und Schmerzen und Tod demgegenüber bedeutungslos werden. Dann ist dieser Gott »Heiland«, auch wenn er nicht die Krankheit heilt.

Soweit wir, soweit die Institution Kirche dem paternistischen Denken und seinen Ängsten verhaftet sind, werden wir der Versuchung erliegen, uns einer Angstabsicherung in Leistungsreligion zu befleißigen. Solange haben wir nicht den Gott Jesu, sondern den Richter-Gott vor Augen. Man möge alle Äußerungen unserer kirchlichen Hierarchie der letzten zehn Jahre überprüfen: Bei welcher Gelegenheit wird von dem »anderen Gott«, den Jesus verkündet, gesprochen? Liegt nicht der Schwerpunkt der Verkündigung unserer Priester-Kirche auf dem Sektor der Moral? Ich hatte einmal einen Pfarrer in psychotherapeutischer Behandlung, der den klassischen Satz äußerte: »Hätten wir keine Moral, dann müßten wir ja glauben.«

9. Im Alten Testament: Der eine und der andere Gott

Wenn man die Verkündigung Jesu vor Augen hat, dann kann man nicht umhin, seinen Gott als einen *anderen* Gott zu verstehen. Als einen Gott, der anders ist als es der Gottesvorstellung der damaligen Zeit entsprach. In Wort und Tat wandte sich Jesus gezielt gegen die Vorstellung eines Gesetzes-, Ordnungs- und Richtergottes und verkündete statt dessen den barmherzigen und liebenden Vater. Zu einer solchen Gottesvorstellung scheint den Israeliten damaliger Zeit die Beziehung weitestgehend verlorengegangen zu sein.

Man darf also heute sagen, der Paternismus der Jesus-Zeit habe vor allem den Richtergott gekannt und habe mit Leistungsstreben auf diese Vorstellung geantwortet; dabei kann man sich auf viele Belege berufen.

Wenn man die Schriften des Alten Testaments untersucht, dann stößt man auf viele Bilder vom Richtergott. Ich darf hier nur auf einige Psalmen verweisen. So in Psalm 6: »Sprich mich nicht schuldig in deinem Zorn, strafe mich nicht in deinem Grimm.« Oder in Psalm 134: »Viele Völker hat er geschlagen, mächtige Herrscher getötet. – Ägyptens Erstgeburt hat er geschlagen, Menschen und Vieh zumal. – Wende ab deinen Zorn, verschone uns in deinem Grimm.«

Durch viele Psalmen zieht sich die Angst vor dem drohenden Herrn, der für alles Unheilsgeschehen verantwortlich gemacht wird. Angesichts des Übels in dieser Welt ist bei solchem Gottesverständnis die Angst vor dem Herren-Gott logisch. In seinem Kausalitätsdenken setzt der Mensch voraus, daß er wegen Verdienst oder Sünde vom gerechten Gott belohnt oder bestraft wird. Das Verhalten des Menschen ist immer die Vorleistung, das Verhalten Gottes ist die Antwort. Der Mensch aber kann nicht bestehen.

Darum ist Inhalt vieler Psalmen die bange Bitte um Vergebung und Barmherzigkeit, um Abwendung der Strafe, um Hilfe und Schutz vor den Drohungen Gottes. Wir sehen in manchen Psalmen den beschwörenden Charakter: Gott wird erinnert an seinen Bund, an sein Versprechen, an seine früher erwiesene Güte und Erbarmung.

Aber auch für den zuerst liebenden Gott gibt es viele Zeugnisse. Ich weiß nicht, ob sie früheren Datums sind, also noch aus einer Zeit, die dem mütterlichen Gott näher stand.

Bleiben wir bei den Psalmen. Da finden wir viele Aussagen, die wir als Vertrauensworte erkennen. Der Herr ist in Psalm 26 »mein Licht und mein Heil«; in Psalm 139 und anderen: »mein Helfer und Retter«; in Psalm 18 »mein Fels du, mein Erretter«; in Psalm 70 »Mein Fels der Zuflucht, befestigte Burg, die mich rettet«. »Zuflucht und Burg« auch in Psalm 190, in dem es dann heißt: »Mit seinen Flügeln beschirmt er dich – In die Hut seiner Fittiche birgst du dich

– Seine Treue ist Schild dir und Schutz.« Oder dann in Psalm 145: »Gönnend und erbarmend ist ER, langmütig und groß an Huld. Gütig ist er allem, sein Erbarmen über seinen Werken. Dir danken, DU, all deine Werke, deine Holden segnen dich. Sie sprechen von deines Königtums Ehrenschein, sie reden von deiner Gewalt… Aller Augen warten auf dich. Ihre Nahrung gibst du ihnen zu ihrer Frist, der du deine Hand öffnest und alles Lebendige sättigst mit Gefallen« (nach der Übersetzung von *Martin Buber).* Wer liebte nicht den Psalm: »Der Herr ist mein Hirt!«

Natürlich kann man jenen Beschwörungscharakter vieler Psalmen nicht übersehen. Man kann hinter diesen Beschwörungen »du hast doch – also mußt du doch…« den Zweifel, die bange Frage spüren. Aber wie oft begegnet uns ein klares Vertrauen auf den getreuen Gott!

In Hosea 11,4 finden wir das anrührende Bild »Mit menschlichen Fesseln zog ich sie an mich, mit den Ketten der Liebe. Ich war da für sie wie die (Mütter), die den Säugling an ihre Wangen heben. Ich neigte mich ihm zu und gab ihm zu essen.« Ich bin, der für euch da ist. In Exodus 3,14 *»Ich bin, der ich immer für euch da sein werde «…* Bei Hosea weiter: »All mein Mitleid ist entbrannt« (11,8). Oder die Klagen über den »Gottesknecht« in Jesaja 53,4 u.ö.: »Er hat unsere Krankheit getragen und unsere Schmerzen auf sich geladen.«

Wer sucht, der findet eine Fülle von Aussagen über einen Gott, dessen Güte und Erbarmen das Vertrauen des Menschen sucht.

Ich glaube, man kann nicht sagen, es sei die Eigenart der jüdischen Gottesvorstellung, in ihm nur den Richter- und Gesetzesgott zu sehen. Ebensoviel und ebensowenig wie man diese Vorstellung als typische Eigenart der christlichen Religion sehen darf. Und dies auch nicht, obwohl sie doch die dominante Vorstellung des praktizierten Christentums war. In beiden Religionen spricht vieles für die paternistische Deutung. Aber in beiden findet man auch den Barmherzigen und den Liebenden.

Judentum und Christentum sind dem patriarchalen Denken verpflichtet. Und für dies Denken dürften wir als typisch ansehen, daß man sich Gott vorstellte als den Ordnenden, der die Spreu vom Weizen, der die Böcke von den Schafen trennt; oder als den gerechten Richter, der die Menschen, je nach Verdienst, in sein Reich aufnimmt oder in die Finsternis verdammt, dorthin, wo Heulen und Zähneknirschen ist; oder als den liebenden Vater, der, je nach Wohlverhalten, die Kinder belohnt oder bestraft. So ist der Gott des Patriarchats beschaffen. Vergessen ist »die Henne, die ihre Küchlein unter ihren Flügeln birgt«. Mächtig ist der Gott, vor dem man in Furcht und Zittern kniet; dessen Gnade und Vergebung man durch Blut-Opfer erwerben kann; der die Gerechtigkeit des Menschen anerkennen muß, wenn dieser alle Gesetze bis ins kleinste befolgt und erfüllt.

Gegen diese Gottesvorstellung richtete sich die Verkündigung des Wanderpredigers, des Propheten, des *Sohnes*, Jesus von Nazareth.

Er stellte sich damit nicht gegen das gläubige Volk, sondern gegen die Priesterkirche, gegen die Gesetzeslehrer und Pharisäer; also gegen ernstzunehmende führende Gläubige: Sie glaubten an einen anderen Gott als den, der sich Jesus geoffenbart hatte; sie glaubten an den Gott, der Angst macht.

Es ist unsere ernsthafte Frage, auf die wir uns im Kommenden einlassen müssen, warum unsere Lehrkirche dazu verleitet wurde, den Angstgott zu verkündigen und ihn zu »glauben«. Denn niemand kann ihr den guten Willen absprechen, das Vermächtnis Christi redlich zu hüten. Man darf sagen, es waren rechtlich denkende und fromme Männer – wie auch jene »Pharisäer«. Aber stärker als das »Neue Denken« des Jesus war das »Alte Denken« des Patriarchats.

In diesem konnte man sich mit dem Ordnungs-Willen Gottes identifizieren, und dem fühlte man sich verpflichtet. Dies alles wurde noch dazu verstärkt von den mit diesem Ordnungsdenken verbundenen mehr oder minder unbewußten Ängsten. Bewußt, insofern man sich als einen »unordentlichen« Menschen kennt, der von einem solchen Gott im Gericht zur Rechenschaft gezogen wird. Unbewußt, insofern man das Verhältnis zum ängstigenden Ordnungs-Gott als selbstverständlich und gegeben hinnahm. Man dachte nicht darüber nach, ob es wirklich Gottes Wille ist, daß sich die Menschen ihm gegenüber unter Druck fühlen, unterdrückt, unfrei. *Augustinus* unterscheidet den »timor servitutis« vom »timor filialis«, die sklavische Angst vor dem »Herrn über Leben und Tod« von der Ehrfurcht des Kindes vor dem Vater. – Das Gefühl der Unfreiheit müßte nicht sein!

IV. Wurde Jesus nicht verstanden?

1. Patriarchale Existenz und der andere Gott des Jesus

Ein wesentliches Anliegen dieser Schrift ist zu untersuchen, aus welchen Gründen es unserer Kirche so schwerfällt, die Botschaft vom barmherzigen Gott praktisch anzunehmen und radikal zu verwirklichen. Wo es doch offensichtlich ist, wie sehr dessen Verkündigung Jesus am Herzen lag, daß er dafür sogar in den Tod ging. Müssen wir nicht sagen, daß der Geist der offiziellen lehrenden Kirche noch überwiegend die Vorstellung eines gerechten Richtergottes pflegt? Eines Vaters, der die guten Kinder belohnt und die bösen bestraft? An den Bemühungen der Menschen liegt es demnach, sich einen gnädigen Gott zu gewinnen. Man muß nach Vollkommenheit streben und die Gesetze sorgfältig beachten. So hat die Kirche ein bestimmtes jüdisches Erbe übernommen.

Wir wollen uns nochmals vor Augen halten, mit welchem Einsatz das Patriarchat seine Vormachtstellung – bis heute – verteidigt: Geschichtsverfälschungen, Existenzverstümmelungen, Freiheitsberaubung, Unterdrückung vielerlei Art, um die Frauen schwach zu machen, sie in Schuldposition und in Bedeutungslosigkeit zu drängen. »Sind sie uns gleich, so sind sie uns überlegen« war der Schlüsselsatz des *M. P. Cato*. In der Synagoge dürfen sie nur auf der Empore oder im Hintergrund sitzen bei den Bettlern und den Nackten. Der Mann ist Mittelpunkt der Welt.

MANN IST MANN – und der andere Mensch *nur* eine Frau; dazu bestimmt, ihm Kinder – Söhne – zu gebären und ihm zu dienen. Und GOTT IST EIN MANN – Gott der Gerechte, ein starker Herrscher und Heerführer und Richter.

Dann aber trat dieser Jesus von Nazareth auf als Prediger und Wundertäter. Der hatte etwas an sich, was aufhorchen ließ. Er redete wie einer, der Vollmacht hat und von Gott erfüllt ist. Und er sprach von einem andersartigen Gott; einem milden, barmherzigen, liebenden, nicht nur nicht mächtigen, sondern sogar ohnmächtigen Gott, der nicht hindern kann, daß Leid und Bosheit regieren. Und einen solchen Gott verkündete er patriarchalen Juden!

Die evangelische Theologin, Juristin und Psychotherapeutin *Hanna Wolff* schreibt in einem ihrer lesenswerten Bücher »Jesus als Mann«: »Jesus ist der erste Mann, der die Androzentrik der antiken Welt durchbrochen hat.« – Dieser Satz gibt zu denken. Es war das Anliegen und der Auftrag dieses »Sohnes Gottes«, einen anderen Gott zu verkündigen und sich damit vom paternistischen Gottesbild und Denken abzusetzen.

Der Wandel des Gottesbildes erforderte einen Wandel des Denkens, eine andere Weise, in der Welt zu sein. Metanoeite, sinnet um! Wie schwer ist es umzukehren!

Die patriarchalen bzw. matriarchalen Denkstrukturen sind zwei verschiedene Weisen der Lebensanschauung und Lebensbewältigung. Die eine ist mehr zupackend, die andere mehr vernehmend. In der einen heißt es: Macht euch die Erde untertan. In der anderen geht es vor allem um die Verehrung des Schöpfers in seiner Schöpfung und um den Dienst am Leben. Sind der einen die führende Macht und die Gerechtigkeit oberste Werte, so der anderen Fürsorge und Gönnen. Von diesen Grundstrukturen des Denkens und Fühlens sind auch die Gottesvorstellungen und Gotteserfahrungen in Inhalt und Form bestimmt.

2. Der »mütterliche Vater«

Was war nun mit diesem Jesus, von dem geschrieben steht: »Wer mich sieht, sieht den Vater«? Johannes der Täufer, der Prodromos (Vorläufer), sprach von dem, der nach ihm kommt, als von einem Menschen der Ordnung, einem Richter: »Er wird die Spreu vom Weizen scheiden« – wir kennen die Stelle. Die Vorstellung des Täufers war ganz vom patriarchalen Denken bestimmt; anders konnte er sich den Messias nicht vorstellen. Aber Jesus *war* anders; er war *nicht* der gerechte Richter.

In seinem Leben wie in seinen Lehrstücken distanziert er sich deutlich vom Gesetzes- und Ordnungsdenken: Der letzte Arbeiter bekommt den gleichen Lohn wie der erste. Über das verlorene Schaf ist mehr Freude als über die 99 »braven«. Dem verlorenen Sohn, dem Aussteiger, der sein väterliches Hab und Gut verschleudert hatte, wartet der liebende Vater entgegen und setzt ihn wieder in seine verspielten Sohnesrechte ein. Nicht den verdienstreichen Pharisäer, sondern den demütigen Zöllner, den Sünder, erklärt er für gerechtfertigt. Mit den Zöllnern sitzt er sogar zur Tafel – und man weiß doch, was das für verfemte Leute sind! Mit den Unreinen gibt er sich ab, ißt sogar mit ihnen. Noch schlimmer: Den Fremdling aus Samaria erklärt er zum Nächsten!

Dienst am Nächsten, Dienst am Leben haben unbedingten Vorrang gegenüber dem Dienst am Gesetz. Nicht der Mensch ist für den Sabbat da, sondern der Sabbat für den Menschen. Das alles ist für die frommen Juden arg. Ihren unterschwelligen Ängsten werden die Sicherungen der Gesetzesparagraphen entzogen. Das kann, das darf doch nicht richtig sein!

Aber noch ärger, was er über Gott sagt. Er beruft sich darauf, daß er ihn kennt, daß er ihn erfahren hat. Zu ihm hat er gesprochen: Dich mag ich, du gefällst mir. – Ein liebender, ein warmherziger, ein barmherziger Gott. Jesus nennt ihn nun »lieber Vater«, nennt ihn »Väterchen«, »Abba«.

»Vater«, nicht »Mutter«, denn Jesus kommt ja aus dem Patriarchat und trägt den Ballast paternistischen Denkens in sich. Aber er nennt ihn »*barmherziger* Vater«: »Barmherzig« heißt im Hebräischen »rechem«, und das klang in den Ohren der Hebräer wie »chthonischer Bereich«, wie »Mutterschoß«. »Barmherziger Vater« war also fast wie »mütterlicher Vater«. Während »Gerechtigkeit« mit Paragraphendenken zu umschreiben ist, ist »Barmherzigkeit« dem Gemüt zuzuordnen und damit kein paternistischer Begriff. Hier wird der Durchbruch aus der Androzentrik der antiken Welt, hier wird ein *neues Denken* deutlich.

3. Das »Neue Denken« – Gott liebt zuerst

Aber es bleibt nicht bei diesem *Wort,* das in sich bereits provozierend genug ist. Steht dahinter doch eine ganz neue Lebenshaltung. Dieser Jesus sagt: Es gibt keinen verurteilenden und möglicherweise verdammenden Gott. Ihr braucht keine Angst vor dem Richter zu haben wegen eurer Sünden! Ihr dürft vertrauen, daß er euer Heil, euer Glück will, ohne daß ihr dies mit Verdienstlichkeiten oder Tugendleistungen erkaufen müßt. Im Gegenteil, wenn ihr berechnend mit diesem Gott umgeht, wenn ihr auf eure Gerechtigkeit pocht, verfehlt ihr ihn. Werft all eure Sorgen auf ihn, vertraut!

Wer also die Frage stellt: Womit habe ich das verdient – dieses Unheil –, wofür werde ich hier bestraft, der ist befangen im Verdienstlichkeitsdenken, der fragt an dem Gott Jesu vorbei und ist in seinem Sinn nicht gläubig. – Aber gerade so dachten viele gläubige Juden, und so denken auch heute noch viele Christen: »Womit habe ich das verdient?« Auch in unseren Kirchen wurde – schon den Kindern! – wacker mit der Strafe Gottes gedroht.

Jesus, patriarchalisch erzogen und aufgewachsen, wurde überwältigt von seiner Gotteserfahrung bei der Taufe im Jordan. Da ergoß sich über ihn der Liebesstrom Gottes, der ihm zusprach: »Du bist mein geliebter Sohn«. Das wandelte ihn um. Als er anschließend in der Wüste war, ging ihm auf, daß der Ankläger – und das bedeutet das Wort »Satan« –, der die Schuldhaftigkeit des Menschen anklagt, im Himmel bei Gott nichts mehr zu suchen hat. Er sah ihn vom Himmel zu Boden stürzen, heißt es in Bildsprache. Satan mit seiner Schuldaufrechnung hatte bei einem Richtergott seine Position, nicht jedoch bei dem liebenden, bei dem mütterlichen Vater. Schuldzuweisung interessiert *diesen* Gott nicht. Er denkt *anders*.

Der Evangelist Johannes hatte Jesus verstanden. In seinem ersten Brief (1,8-9) schreibt er: »Wollten wir sagen, wir hätten keine Sünde, so betrügen wir uns selbst, und die Wahrheit ist nicht in uns. Aber wenn wir unsere Sünden (vor Gott) bekennen, ist er treu und gütig. Er vergibt uns die Sünden und reinigt uns von allem Unrecht.« Johannes hatte verstanden, daß Gott jeden Menschen in Liebe bejaht und annimmt; *mit* all seinen Fehlern, Schwächen und Sünden. Er will nichts als das Vertrauen. Er muß also nicht erst gewonnen und versöhnt werden durch Opfer, Verdienstlichkeiten und gute Werke. Nicht das jesuanische Liebesgebot («ein neues Gebot will ich euch geben...«) hat in seiner Verkündigung den Vorrang, sondern die Botschaft, *daß Gott uns zuerst liebt, und zwar so wie wir sind.*

Bei Jesus will das Gut-Sein und Gut-Tun nicht als Vorleistung gesehen werden, vielmehr als *Antwort* auf die Liebe Gottes. »Deshalb kann der Mensch Gott lieben, weil Gott ihn zuerst geliebt hat«, erkennt Johannes. Und an anderer Stelle tröstet er über quälende Schuldgefühle: »Wenn auch dein eigenes Herz dich verurteilt, Gott ist größer als dein Herz – und er weiß alles.« Er versteht, er verzeiht alles. *Sein Gericht richtet auf, richtet gerade.*

Das ist der verzeihende, der mütterliche Gott; der wie eine liebende Mutter selbst den zum Verbrecher gewordenen Sohn verteidigt und zu retten versucht; der nicht Vollkommenheit fordert; der auch den Sünder annimmt, den Unreinen, Ausgestoßenen; bei dem es also nicht um Sündelosigkeit geht. Das ist *das andere Denken.*

In den Ohren der Gesetzestreuen ein lästerlicher Greuel. »Da muß man sich ja gar nicht anstrengen«, kann man heute noch hören. »Das ist Knochenerweichung; schlimmer als das, Auflösung von Zucht und Ordnung! Das ist Gotteslästerung!«

4. Jesus scheitert

So verkündet Jesus eine klare Absage gegenüber dem paternistischen Denken. Und er wurde auch verstanden als einer, der gegen das Denken der Pharisäer, der Priester und der Frommen kämpft. Und Jesus wußte, daß er sich damit um seinen Kopf redet. Aber er blieb dem Auftrag Gottes treu. Er wollte sein Volk erlösen von seinem Sündenkomplex und dem dahinter stehenden ängstigenden Richtergott. *Aber er scheiterte!*

Nicht bei allen und nicht in allen Stücken, nicht in jeder Beziehung. Die Freunde, die er um sich scharte, spürten ja das Besondere seines Wesens. Jedoch schon die Verfasser der später von der kirchlichen Institution kanonisierten vier Evangelien waren derart in ihrem Denken von ihrer jüdisch-patriarchalen Erziehung geprägt, daß auch sie nur in tendenziöser Einengung verstanden, verstehen konnten, was sie *durch* Jesus und *über* Jesus erfuhren. So wurde aus der Frohbotschaft des Jesus vielfach eine Drohbotschaft seiner Kirche.

Zu fest saßen in den Menschen die alten Vorstellungen; zu sehr hielten sie fest an der Verbindlichkeit aller Worte der heiligen Schriften, als daß sie die Neue Botschaft des Meisters ohne Vorbehalte hätten übernehmen können. Diese psychologische Erfahrung können wir bis zum heutigen Tage machen: Unerschütterlich sitzt bei vielen Menschen das, was sie als Kinder erfahren haben, was ihnen in früher Kindheit eingeprägt wurde, in ihrem Daseinsgefühl fest, daß alle späteren Erkenntnisse der erwachsenen Vernunft letztlich in der Seelentiefe nicht angenommen und geradezu als unglaubwürdig behandelt werden. Das betrifft vor allem die Charaktere der »Braven«, der Zwanghaften, die noch unabgelöst sind von den Autoritäten der Kindheit.

Für viele Juden damals und auch für viele Christen der Gegenwart besitzen die *Worte* der Schrift obersten Autoritätsanspruch. Noch im Neuen Testament können wir öfters lesen: »Dies mußte geschehen, damit die Schrift erfüllt werde.« Als ob der Mensch für die Schrift da wäre und nicht die Schriften für die Menschen. Paulus verweist wiederholt darauf, daß dies oder jenes geschah »gemäß der Schrift«. Noch in unseren Tagen wird die Schrift vielfach unreflektiert als »Gotteswort« genommen – »Wort Gottes« heißt es nach jeder Lesung, unbesehen, was darin stehen mag.

Möglicherweise müssen wir noch viel nüchterner realisieren, daß auch die Schriften des Neuen Testaments *keine objektiven Reportagen sein können* – die gibt es ja sowieso nicht –, sondern *subjektives Zeugnis* sind, das die einzelnen Autoren und ihre Gemeinden von ihrer Erfahrung mit Jesus abgelegt haben.

Wir werden auf diesen Umstand später noch eigens eingehen, wenn wir die *tendenziöse Apperzeption* untersuchen.

5. Sündenbock Jesus

Wie sehr alte jüdische Vorstellungen auch noch im Christentum lebendig blieben, das sehen wir u.a. am Beispiel vom Sündenbock. Wie oft wurde Jesus mit ihm verglichen. Er nahm die Sünden der Welt auf sich und ging zur Sühne in den Tod. Denn – so haben wir das doch gelernt – der gerechte Gott braucht um seiner über allem stehenden Gerechtigkeit willen Sühne. Er muß Opferblut sehen. Aber in seiner Liebe sandte er den Sohn, der diese Sühne auf sich nahm, um die Menschen mit dem Vater zu versöhnen. Lieber hat man Jesus zu einem für Gottes Gerechtigkeit geopferten Gott stilisiert, als die patriarchale Dominanz der Gerechtigkeit anzutasten. Wir sehen hier die Vorstellung vom gerechten Gott in Reinkultur. Man möchte meinen, Jesus habe an den Ohren seiner Jünger und seiner Kirche vorbeigeredet.

Es ist doch von einiger Bedeutung, wenn in unserem *Credo* von dem verkündigenden Jesus überhaupt nicht die Rede ist, sondern nur von der Jungfrauengeburt und dem Sühnetod am Kreuz.

Viele Christen und Nicht-Christen sind immer wieder betroffen von dem Gottesbild, das übernommen und in unserer Kirche weiterentwickelt wurde; von dem abstoßenden Bild eines Gottes, der Blutopfer benötigt, um sich mit der sündigen Menschheit zu versöhnen, der seinen Sohn ans Kreuz schlagen läßt, damit der Gerechtigkeit Genüge geleistet werde. Was ist das für ein »Gott der Liebe«, der nur mit Blut zu besänftigen ist? Das »Väterchen« Jesu Christi als Moloch?

Es ist an der Zeit, ja, es ist höchste Zeit, daß wir Christen solche Vorstellungen hinterfragen *um der Ehre unseres Gottes willen*. Im alten Israel waren Blutopfer nicht nur von Böcken und Stieren geläufig. Noch in der Zeit des Abraham waren Menschenopfer zur Versöhnung der Gottheit nicht fremd. Wurde nicht bei den Christen die Parallele von Isaak zu Jesus zu oft gezogen? Sind das nicht archaisch-magische Vorstellungen, die hier zugrunde liegen?

6. Blut-Magie, zur Vergebung der Sünden

Blut spielte immer eine zentrale Rolle. Es hat archetypischen Charakter. Es ist Bild für Leben – und für Tod, für Freude und für Schmerz; für Grenzsituationen – von »blutigem Ernst«; für Liebe und für Haß. Es ist Zeichen der stärksten Verbundenheit. Das Blut des Pascha-Opfers an der Schwelle des Hauses behütet vor dem Engel des Gerichtes. Blut besiegelt die Freundschaft.

Im Evangelium findet sich dieser Abendmahlsbericht: Mein Blut für euch – zur Vergebung der Sünden…/ Kelch des Bundes – Geheimnis des Glaubens. – Aus bestimmter jüdischer Tradition, in der doch all diese Frauen und Männer um Jesus groß geworden waren, ist in der Tat die Deutung verständlich, ja naheliegend, daß der gerechte Richtergott das blutige Menschenopfer seines Sohnes verlangen könnte und würde. Dein Wille geschehe! Die Gerechtigkeit über allem – über Liebe und Barmherzigkeit!

Aber kann man das Symbolbild »Blut« nicht auch anders verstehen und zwar so, daß es mit dem barmherzigen und liebenden Gott im Einklang bleibt? Auch dann bleibt »mein Leben für euch« vollgültig; der Glaube, daß Jesus durch sein Blut erlöst hat. Nicht von der Sünde – wir Menschen sind nach wie vor Sünder und als solche erschaffen; nicht vom Tod, der bei Paulus der Sünde Sold ist. Wohl aber von der Angst vor der Sünden-Strafe, vor einem verdammenden Richtergott. »Angst hat nicht Raum in der Liebe«, sagt Johannes , »denn Angst hat mit Strafe zu tun«. – Gott jedoch ist Liebe! Jesus hat erlöst durch sein Leben, durch sein Hingerissensein von der Liebe Gottes, durch seinen Gehorsam, den von ihm erfahrenen Vater zu verkünden.

Unter dem blutigen Einsatz seines Lebens hat er in seiner Verkündigung die paternistisch verfälschte Gottesvorstellung zurechtgerückt. Und er wußte, daß er damit unausweichlich die tödliche Feindschaft der frommen Priester auf sich zieht. Aber er bleibt seiner Sendung getreu bis zum Tod am Kreuz: Für uns Menschen und um unseres Glaubens, um unseres Vertrauens zu Gott, um unseres Heiles willen. – Kann man das nicht auch so sehen?

7. Die patriarchale Kirche hält fest am Ordnungs-Gott

Es drängt sich uns die Frage auf, warum unsere christlichen Kirchen derart an dem alten jüdischen Gottesbild festgehalten haben, gegen das sich Jesus mit seiner Verkündigung erhoben hat. Mir fallen drei Gründe ein:

Der erste liegt m. E. im *patriarchalen Selbstverständnis*. Ich glaube, die Hierarchie der Kirche fühlte sich berufen und beauftragt, über die göttliche Ordnung in dieser Welt, und was man sich darunter vorstellte, zu wachen. Dieser so verstandene Auftrag führte einerseits dazu, ein dogmatisierendes Lehrgebäude zu errichten, ein ordnendes und verbindliches Gerüst, und andererseits konsequenterweise zu Überwachungsattitüden mit ihren bekannten Auswüchsen wie Inquisition, Ketzerverfolgung und Hexenverbrennung.

Das patriarchale Denken machte sich das christliche Denken untertan. Die Verpflichtung, für die göttliche Ordnung in der Welt zu sorgen, prägt wohl auch in der Nachfolge des römischen Kaisers die Idee des Pontifex maximus; steht aber auch hinter der Vorstellung, »Stellvertreter Gottes« zu sein. Damit waren Spannungen mit den weltlichen Herrschern vorprogrammiert und viele Machtkriege.

Jesus hatte kein Lehrgebäude errichtet. Er sprach von dem, was er in seinem Herzen vernommen hatte. Er sprach in Bildern und Gleichnissen, die er dem Leben seines Umfeldes entnahm. Ein zeitloses Gebäude zu errichten, war dann Anliegen der Glaubensverwalter. Auch sie waren ihrem jeweiligen Umfeld, dem Denken ihrer Zeit unterworfen. Und das war lange Zeit hindurch und ist heute noch patriarchal bestimmt. Das Denken der vorchristlichen Väter des Dualismus war und blieb von großem Einfluß. Hierbei war mit einbegriffen die Abwertung und Verdrängung des Kreatürlichen, des »Weiblichen« in den »Schatten«. Leidet doch unsere Kirche heute noch unter einer praktischen – nicht theoretischen – Leibfeindlichkeit, unter Überbetonung des »Kopfdenkens« – zum Unterschied vom »Herzdenken« – unter Verneinung der Sexualität und unter Blutarmut. Wir kennen all diese Phänomene als Zeichen oder auch Quelle von Ängsten. Absicherung gegen solche Ängste bot nicht das »Neue Gebot« Jesu, sondern am ehesten fest umgrenzende patriarchale Gesetze.

Ein zweiter Grund für das Festhalten am Bild des Richtergottes ist wohl die *Macht*. Eine alte psychologische Erfahrung weiß – wir sprachen schon davon –, wo der »Geschlechtstrieb« (oder was man darunter versteht) verdrängt wird, da entwickelt sich möglicherweise desto üppiger der Machttrieb. Wer den Seelenstrukturen von Zölibatären nachforscht, der weiß das allzugut. Und wer die Geschichte der Hierarchie kennt, kann das bestätigen. Religion als Mittel zur Beherrschung des Volkes, der Erziehung der Kinder und Untertanen ist durch Jahrhunderte offenkundig.

Strenge Erziehung beruft sich gerne auf einen strengen Gott. »Wen Gott liebt, den züchtigt er«, so sagt der pädagogische Volksmund. Erziehung zu wohlverstandener Ordnung ist sicher gut und notwendig, aber *ist nicht Religion.* Lohn und Strafe sind die einfachsten Dressurmittel – bei Zirkustieren wie im Kinderzimmer –, aber sie mit einem Ordnungsgott zu untermauern, ist schlicht und einfach Mißbrauch Gottes. *Religion als Mittel zum Zweck der Domestikation und Sozialisierung hat mit Glauben und hat mit dem Gott Jesu Christi nichts zu tun.*

8. Tendenziöse Wahrnehmung

Als drittes Motiv am Richtergott festzuhalten, sehe ich die *tendenziöse Apperzeption.* Was ist das? – Jeder Mensch erlebt die Welt als der, der er individuell ist; also nicht objektiv, sondern ganz persönlich mit seinem je eigenen organischen, seelischen und geistigen Auffassungsvermögen. Das heißt also: All unsere Wahrnehmungen sind weitestgehend gefärbt, wenn nicht gar bestimmt von unserem subjektiven Charakter, von unseren Prägungen, Wünschen und Ängsten. Unsere Projektionen unbewußter Inhalte, der Trend der Zeit oder das Milieu unserer Umgebung, Weltanschauung oder Ideologie bewirken das, was wir tendenziöse Wahrnehmung nennen. Die dadurch gesteuerte Beeinflussung des Wahrnehmungsvermögens kann bis hin zu unbewußten *Wahrnehmungs- und Denkverboten* führen.

Wir alle kennen aus dem täglichen Leben Menschen mit »rosaroten« und solche mit »schwarzen Brillen«: Menschen, die alles, was sie erleben, gemäß dieser Tendenz sonnig oder düster färben. Oder wir kennen den Menschen der Angst, der überall dafür Bestätigung findet, daß alles schlecht ist oder übel ausgehen wird; daß er abgelehnt wird; daß eine Katastrophe sich anbahnt; daß es ein unverzeihlicher Leichtsinn wäre, das Leben zu wagen. Ich kenne erstaunlich viele Christen, die sogar aus der Erlösungsbotschaft nur entnehmen können, daß sie verdammt sind. Wir müssen also festhalten: *Es gibt keine objektiven, sondern nur subjektive Wahrnehmungen und Wahrnehmungsberichte.* Das gilt auch für die Heiligen Schriften.

So verwundert es uns nicht, wenn *dieser* Evangelist Jesus anders verstand als *jener*, oder wenn die Apostel, seine Freunde, ihn bis zuletzt gelegentlich mißverstanden. In ihr androzentrisches, vermännlichtes Welt- und Gottesverständnis paßte so manches nicht hinein, was der Meister sagte: Das hat er gewiß nicht so gemeint... Das konnte man so auch gar nicht weitergeben... An den Schriften des Alten Testamentes, an den Gesetzen und an dem darin vermittelten Gottesbild durfte nicht gerüttelt werden. Von dem, was Jesus sagte, kam vieles gar nicht in den Herzen seiner Begleiter an.

Für die Evangelisten, besonders für Matthäus, war es schwer, das andere Denken zu vollziehen. So finden wir gerade bei Matthäus als seine Lieblingsworte »Lob« und »Vergeltung« Gottes für die drei »Werke der Gerechtigkeit: Beten, Fasten und Almosen geben«. Und bei ihm heißt es: »Seid vollkommen, wie euer Vater im Himmel vollkommen ist.« Lukas hört das gleiche: »Seid barmherzig, wie euer Vater barmherzig ist.« Wir sehen deutlich die tendenziöse Wahrnehmung. Wir erkennen das alte und das neue Denken. Nachdem man schon seit langem nicht mehr von »Verbalinspiration« spricht, müssen wir endlich realisieren, daß die Texte des NT einen *nur relativen Offenbarungswert* haben.

Ist es nicht eine Tragik, daß die Verkündigung des weiblich-mütterlichen Vaters von paternistisch voreingenommenen Ohren nicht aufgenommen, nicht verstanden werden konnte? Auch unsere Kirche war seit Anbeginn dem Gesetz der tendenziösen Wahrnehmung unterworfen. Schon die Auswahl der in den Kanon hineingenommenen Bibeltexte ist deutlich tendenziös. Was in die Mann–Zentriertheit nicht hineinpaßte, wurde eliminiert, um die männlich bestimmte Kirche zu stützen oder von etwa gnostischen oder charismatischen Aspekten abzuschirmen.

In der frühchristlichen Jesusbewegung waren die Frauen den Männern gleichgestellt. Daß es Frauen waren, die als erste die Auferstehung des Herrn erfuhren und verkündigen sollten, war nicht ohne Bedeutung. Den Mann als Repräsentanten des Göttlichen hinzustellen, die Männer für gott-ähnlicher zu halten als die Frauen, ist sicher nicht das Denken des Meisters. »Das ist Götzendienst«, empört sich die amerikanische Theologin *R. Radfort-Ruether*. Die Schwierigkeiten der institutionellen Kirche hinsichtlich der praktischen Mitarbeit der Frauen – trotz so vieler schöner Worte – ist nicht nur auf unbewältigte Sexualkomplexe der Zölibatären zurückzuführen, sondern beruht schon vorher auf dem Paternismus einer autoritären Kirchenleitung, auf Überkompensation meist unbewußter Minderwertigkeitskomplexe der Männerherrschaft.

9. Kompensation

Wer geltungssüchtig ist, hat logischerweise das Gefühl, zu wenig zu gelten. Und wer nach Macht strebt, hat wohl das Gefühl, zu wenig Macht zu haben. Wenn jemand sich klein fühlt, dann ist seine Zielsetzung, größer zu werden oder zu erscheinen. Es geht also hier um Kompensation von Mangelgefühlen. Dabei ist es nicht entscheidend, ob diese

Kleinheitsgefühle berechtigt sind oder nicht. Neurotische Gefühle beruhen meist auf Kindheitserfahrungen und stehen oft im Widerspruch zur Wirklichkeit und der Erkenntnis der Vernunft.

Alfred Adler, einer der »Väter« der Tiefenpsychologie und Psychotherapie, bediente sich des Begriffes »Überkompensation« angesichts seiner Erfahrung, daß manche Menschen ihre Wunschziele desto höher setzen, je niedriger sie sich fühlen. Das Prinzip der Überkompensation: je kleiner – desto größer, je weniger – desto mehr trägt aufgrund dieses Je-Desto das Scheitern bereits in seinem Über-Programm. Wir alle kennen solche Menschen. Manche belächeln sie. In Wirklichkeit sind sie jedoch zu bedauern.

Das betrifft auch das Phänomen des Autoritären, dem wir allenthalben begegnen können. Manche – besonders jüngere – Menschen unterscheiden nicht deutlich zwischen Autorität und autoritär. Dabei, so meine ich, sind diese beiden Begriffe ebenso zu unterscheiden wie Herr und herrisch. Ein Herr ist nicht herrisch. Eine echte Autorität braucht nicht diktatorisch autoritär zu sein. Im Gegenteil, meist ist es so, daß diejenigen sich autoritär geben, die zwar Autorität sein wollen, aber dazu nicht das notwendige Format haben.

Um die eigenen Kleinheitsgefühle kompensatorisch zu überspielen, gebärden Autoritäre sich wie ein Pascha und machen sich ihre Umwelt dienstbar und unterwürfig. In der Regel ist der Pascha ein zutiefst unsicherer Mensch, auch wenn er das sogar vor sich selbst zu verbergen trachtet. So weisen die meisten es entrüstet zurück, wollte man ihr autoritäres Gehabe als Kompensation innerer Unsicherheiten deuten: »Ich doch nicht!«

Aber es wird gut und nützlich sein, solche Hintergründe für möglich, ja, wahrscheinlich zu halten, weil sich daraus Verstehen anbahnt. Darüber hinaus ist mit der Neigung, seine Schwächen durch Überkompensation zu überspielen, das Scheitern bereits vorprogrammiert.

Wir sprachen von Schwächen, Unsicherheiten und Ängsten, die dem Patriarchalen zuerkannt werden müssen. Es verwundert uns nicht, bei ihnen verschiedene Formen der Kompensation zu finden. Eine beliebte Form der Kompensation ist der autoritäre Stil. Doch gibt es noch viele andere peinliche Auswüchse – bei kirchlichen Institutionen. Der römische Herrschaftsstil, vielfach vom Kaiserkult übernommen, war gewiß sehr verführerisch. Und die »Verherrlichung Gottes« als Begründung für den Prunk-Aufwand der Priesterkirche erschien sehr plausibel. Das Hochstilisieren römischer Denk- und Erscheinungsformen waren Jesus, dem Meister, wesensfremd – das dürfte doch wohl zweifelsfrei sein.

Auch die jahrhundertelangen Machtkämpfe der Hierarchie müssen wir wohl als Kompensationsversuche verstehen, verursacht durch unbewußte innere Unsicherheiten und Ängste. Ob das die Kämpfe mit den Kaisern des Heiligen Römischen Reiches Deutscher Nation waren, die Kreuzzüge, oder – bis heute – die Macht- und Rechthaberei innerhalb der Kirche.

Man hat vielfach Macht und Liebe als Widersprüche verstanden. Beide haben sie ihren verführerischen Glanz. In Gott, so sagt man, sei beides vereint. Sofern der Mensch nicht in sich eins, sondern desintegriert ist, besteht die Gefahr, daß er einseitig seinen Machttrieb lebt oder daß Macht und Liebe in ihm ein voneinander unabhängiges, ein unverbundenes Leben führen. Dann hat das Wort von *Jakob Burckardt* in seinen »Weltgeschichtlichen Betrachtungen« Gültigkeit: »Macht ist das Böse an sich!«

Wir müssen uns der Tatsache stellen, daß dieses Wort auch dann seine Gültigkeit hat, wenn es sich um kirchliche Institutionen handelt. Einschüchterung von Wissenschaftlern, die eine eigene und mit »Rom« nicht konforme Meinung haben, Repression gegenüber »Abhängigen« und Dogmatismus sind gewiß nicht Kennzeichen der Verkündigung Jesu. Weder Jünger noch Apostel waren in solcher Weise unmündige Befehlsempfänger.

(Das Verhalten der Kurie gegenüber den theologischen Lehrern erinnert mich stark an eine Klage, die ich im Zweiten Weltkrieg oft unter Offizieren hören konnte. Grollend wurde der Vergleich gezogen zu der Selbständigkeit der Truppenführer im Ersten Weltkrieg. Damals war der Offiziersstand noch gekennzeichnet von Eigenverantwortlichkeit, man mußte selbst entscheiden und dann dafür geradestehen. Unter den Nazis wurden die Offiziere zu Befehlsempfängern gemacht, geradezu zu Groschenautomaten.)

Es gibt wohl keine Diktatur, kein autoritäres Regime, das nicht durch Ängste gekennzeichnet wäre. Aber welcher Diktator kann zugeben, daß er Angst hat. Sogar vor sich selbst wird er sich diese Realität kaum eingestehen – es sei denn in einer Stunde der Gnade. Will man seine Ängste nicht wahrhaben, dann sind auch Konflikte nicht erlaubt. In der uns aus der Nazi-Zeit wohlbekannten »Gleichschaltung« wurden alle unerwünschten Meinungen verboten: Offene Konflikte waren damit beseitigt, unterdrückt. Der Diktator hatte immer recht – vor der Welt und vor sich selbst. »Roma locuta – causa finita« (Rom hat gesprochen, die Streitfälle sind entschieden)! Es ist bitter, nicht abstreiten zu können, daß Rom so viel Ähnlichkeit hat mit anderen autoritären Institutionen, in denen Terror herrscht und das Wort fast noch mehr gefürchtet wird als der bewaffnete Widerstand.

Früher hatte die Macht des Priesterstandes in den Formen des Klerikalismus eine weit größere Bedeutung als heute. Der *politische* Klerikalismus, der die gesamte politische Ordnung auf die kirchliche zu reduzieren trachtete, ist längst vorbei. Auch der *wissenschaftliche* Klerikalismus, worin die Theologie alle anderen Wissenschaften zu bevormunden suchte, gehört fast der Vergangenheit an. Von ihm ist noch überall da zu spüren, wo sich die Hierarchie Kompetenzen anmaßt, die ihr nicht zustehen, z.B. wenn sie sich über die Ergebnisse fachwissenschaftlicher Untersuchungen hinwegsetzt. Ein Beispiel dafür ist die Enzyklika Humanae vitae, bei welcher die eingeholten Fachgutachen beiseite geschoben und nicht beachtet wurden. Oder wenn Papst Paul VI. den Wissenschaftlern der Ehekommission des Konzils glaubte sagen zu können: »Es darf gedacht, geschrieben werden.« Von der dritten Form, dem *ekklesiologischen* Klerikalismus, in welchem »die Kirche« mit dem Klerus identifiziert wurde, lösen wir uns seit dem Zweiten Vatikanum.

Wenigstens die Leitung der Weltkirche will Rom sich nicht aus der Hand nehmen lassen. So beruft der Papst nur solche Kirchenmänner zu Bischöfen, von denen bekannt ist, daß sie in ihrem Denken über die Konzilsreformen mit ihm übereinstimmen. Mit solchen Bischöfen ist es ihm dann auch ehestens möglich, die vom Konzil gewünschte Kollegialität der Hierarchie zu verwirklichen. Dieser anscheinende Zuwachs an zentralistischer Macht führt jedoch in der Gesamtkirche dazu, die Autorität der Hierarchie abzubauen. Das Verhältnis der lebendigen Gemeinde zu den ihr aufgepfropften Oberhirten verblaßt zur Bedeutungslosigkeit. *Und wer sich an Jesus orientieren will, der schaut leider selten mehr nach Rom.*

Aufgrund der patriarchalen Unsicherheit im Lebensgefühl – an diesem Faktum wollen wir festhalten bei unserem Versuch, der Kurie gerecht zu werden, aufgrund also der mehr oder minder bewußten Ängste – sie verstecken sich oft hinter dem Wort »Sorgen«, hat die Institution Kirche als Absicherung und »Hilfe« einen Gesetzesapparat geschaffen und ausgebaut. Wir begegnen hier einer Angst, einer patriarchalen Urangst, der Angst vor dem Chaos. – Aber war nicht das Chaos das Ursprüngliche, aus dem sich allmählich das Geformte gebildet hat? War nicht das Matriarchat dem Chaos näher, dem Dunklen, aus dem das Leben entstand? – War es dann nicht wirklich eine Gefahr für die Menschen, wieder in das Chaotische zurückzufallen? Mußte man sie nicht davor schützen und festhalten – und sei es mit Fesseln?

Man kann sich schwer des Eindrucks erwehren, daß die Angst der Hierarchie jeden Pluralismus als Bedrohung empfindet, wenn nicht bereits als Beginn des Chaos. Das gibt ihr Grund, sich dagegen abzusichern. Und sei es durch Bespitzelung der Hochschullehrer auf eventuellen »Modernismus«; durch *Abgrenzung* gegenüber anderen Meinungen; gegen die Frauen; gegen die Laien; gegenüber anderen Religionen; ja, oft Abgrenzung gegenüber allem Lebendigen. Durch diese Abgrenzungen wird unsere Kircheninstitution immer enger und immer ängstlicher. Zentralismus und Klerikalismus bewirken keine Gesundung, sondern vielmehr ein Verkümmern und Erstarren. Und dies bleibt nicht auf die Kurie beschränkt, sondern betrifft das ganze autoritätsgläubige Volk der Kirche. Dann wird »katholisch« identisch mit »eng«.

Als ein letztes Phänomen der Kompensation bewußter oder nicht bewußter Ängste möchte ich auf das hinweisen, was mit dem tiefenpsychologischen Begriff der *Persona* benannt wird. Im Lateinischen bezeichnet *persona* die Maske eines Schauspielers, seine Rolle. Wahrscheinlich stammt das Wort »Phersu« aus dem Etruskischen. Damit wurde ebenfalls die Maske bezeichnet, durch die der Schauspieler hindurchspricht.

Viele Menschen leben als »Persona«; sie lassen ihr eigenes Wesen hinter der Maske verschwinden, die sie vor der Welt tragen. Dann begegnet man dem »Herrn Lehrer« oder dem »Herrn Pfarrer« oder dem »Herrn Doktor« und nicht dem Max Müller oder dem Heinz Maier oder der Veronika

Siebenschön. Die Personaträger sind wie Kleiderständer: Sie lassen nach außen nur ihr Gewand, ihre Funktion sehen. In der Familie gilt das ebenso: Der »Vater«, die »Mutter« sind Funktionsbezeichnungen – und viele Eheleute reden sich auch so an. Das alles ist sehr üblich – man sollte darüber nachdenken. Wie sehr sind manche darauf bedacht, ihre Persona-Fassade zu polieren.

Schlimm ist es, wenn diese Menschen nirgends einen Ort haben, an dem sie es sich erlauben können, sie selbst zu sein; wenn sie sich verpflichtet fühlen, auch vor sich selbst Masken zu tragen. Das geschieht vor allem bei denen, die ihre eigenen Ängste nicht wahrhaben wollen. Wie viele Amtsträger wissen gar nicht, daß sie sich hinter ihrer Persona-Rolle verstecken.

All diese Menschen der Angst sind letztlich Leidende. Sie sind befangen in einer Form seelischer Fehlhaltung, die ich die *paternistische Neurose* nennen möchte. Die bekannte *ecclesiogene Neurose* ist ihre Tochter. Jedes Leiden ist seiner Gesundung bereits nähergekommen, wenn es bewußt geworden ist. Vor der Heilung steht also die Diagnose. Ich hoffe, im Vorausgegangenen etwas dazu beigetragen zu haben, das Leiden zu erkennen.

Indem wir das Verhalten kirchlicher Amtsträger mit einer uns alle mehr oder minder betreffenden Krankheit, mit einer Neurose vergleichen, versuchen wir, Entschuldigungsgründe anzubieten. Indem wir es also auf kulturhistorisch bedingte Ängste zurückführen, wird es uns verstehbar und mildert den Groll. Bei jedem Menschen bieten sich solche Entschuldigungsgründe an, die die personale Verantwortlichkeit einschränken. »Jeder Mensch hat sein Neurösli.« Diese Weisheit klingt auf Schwyzerisch liebenswürdig und versöhnlich. Aber dennoch wird dadurch die sehr ernste Realität nicht abgemildert: Solange und soweit uns die paternistische Neurose beherrscht, *kann Jesus letztlich nicht verstanden werden.*

10. Aufbruch und Widerstand

Wer das Leben der Kirche verfolgt, der kann seit mindestens einhundert Jahren eine Unruhe feststellen, eine Bewegung, von der ich glaube, daß sie heilsam ist. Es lohnt sich daher, kurz zurückzublicken. Möglicherweise war der Kulturkampf nicht unbeteiligt, der 1871 begann und 1875 seine Zuspitzung erreichte. Es war ein Machtkampf um den Einfluß von Kirche und Staat. Das Dogma von der Unfehlbarkeit des Papstes war im Ersten Vatikanum verkündet worden. Das neugegründete Deutsche Kaiserreich mit *Bismarck* an der Spitze hatte ein im preußischen Protestantismus tief verwurzeltes Mißtrauen gegenüber den »Ultramontanen«, den von Rom, wie man meinte, zu sehr in Abhängigkeit gehaltenen Katholiken. Aber wie das in Not- und Verfolgungszeiten geschieht: Die Katholiken wurden sich ihres Katholisch-Seins stärker bewußt.

Die denkenden Christen griffen zur Heiligen Schrift, deren alttestamentlichen Teil die Lehrkirche bislang allzusehr in den Schatten gedrängt hatte. Eine bewußte »Liturgische Bewegung« wurde lebendig. Sie ging meines Wissens von den Beuroner Benediktinern aus. Das Leitwort: »Beten *mit* der Kirche« (= Priester-Kirche) statt »Beten *in* der Kirche« ging um. Das war schon ein großer liturgischer Fortschritt für das lebendige Christsein des »Volkes«. *P. Anselm Schott OSB* gab erstmals 1884 den »Schott« heraus, das Meßbuch des Volkes. Es wurde begierig aufgenommen von allen, die nicht zufrieden waren mit dem Rosenkranzgebet der Gemeinde, während der Priester am Altar mit dem Rücken zum Volk Unverständliches murmelte. »Hokuspokus« war, was das Volk vom »hoc est corpus« der sogenannten *Wandlungsworte* verstand.

Nach dem ersten Weltkrieg erlebten wir wieder eine starke Erneuerungsbewegung in Strömungen, die in deutlicher Beziehung zu der katholischen Jugendbewegung standen.

Da gab es die mehr kirchlich dirigierte Form der von dem Jesuiten *P. Esch* geleiteten *Neudeutschen.* Von ihnen trennten sich Anfang der Zwanzigerjahre die *Normann-steiner* unter dem Motto: »Jugend durch Jugend geführt«. Aus dieser Zeit vor 65 Jahren stammt das Wort: »Wir wollen katholisch sein, aber nicht kirchlich.« Was verstand man unter »kirchlich«, wovon man sich distanzieren wollte? Spürten diese jungen Menschen, daß Christsein etwas anderes ist als kirchlich gesteuerte Bravheit und sittsames Angepaßtsein? Es steckte jedenfalls mehr dahinter als pubertäre Aufmüpfigkeit.

Und dann gab es – ganz wichtig – den *Quickborn* mit dem Abzeichen der aufgehenden Sonne; mit seinem Streben nach »innerer Wahrhaftigkeit«. Als geistiges und geistliches Zentrum war die Quickbornburg *Rothenfels* bedeutungsvoll für die religiöse und liturgische Erneuerung unter *Romano Guardini.* Dieser hatte frühe Eindrücke und Bestätigungen erfahren bei den Beuroner Benediktinern und ihrer liturgischen Bewegung.

Noch 1922 schrieb er an einen theologischen Freund in Münster, das wünsche er sich, noch zu erleben, daß er sich beim »Dominus vobiscum« zum Volk wende und die Gemeinde ihm antworte. Das »Volk« der Kirche ergriff begeistert die Möglichkeit einer gemeinsamen Eucharistiefeier, wo und wie sie sich in den folgenden Jahrzehnten bis zur allgemeinen Liturgiereform entwickelte.

R. Guardini war auch der geistliche Vater der Deutschen *Oratorianer,* die ebenfalls zum Teil aus dem Quickborn kamen. Rechte Hand Guardinis in Rothenfels war *Heinrich Kahlefeld,* der Neutestamentler. Er gehörte später dem Oratorium in München an. Außer ihm waren bei diesem Kreis der Philosoph und Psychologe *Philipp Dessauer, Franz Schreibmayr,* der mit *Klemens Tilman* an der katechetischen Erneuerung arbeitete und internationalen Ruf hatte. Sie alle liegen in München begraben. Ich würde sie gerne alle nennen, die Toten und die Lebenden, die in München, die in Leipzig und Zürich und anderswo – es wären zu viele.

In Rückbesinnung auf die Urkirche fragte man nach den Wurzeln und nach dem Anfang des Miteinander-Christ-Seins, der Gemeinde, und führte das Denken auf das Wesentliche, vertiefte den Glauben. Für den Aufbruch entscheidend war die exegetische Neuorientierung, die seither im Fluß ist, sowie das dynamische Verständnis der Sakramente.

All das bereitete den Boden für das Zweite Vatikanische Konzil, denn der Aufbruch geschah weltweit. Hier wurde sogar ein neues Denken der Hierarchie und Priester-Kirche entwickelt und offenbar, das es vielen Laien ermöglichte, sich mit ihrer Kirche zu identifizieren. Andere, mehr ängstliche Charaktere, erschraken über all das Neue, das da aufbrach, und hätten heute lieber, wenn sich das Rad der Entwicklung wieder zurückdrehen ließe. Irgendwie war es ja auch bequemer, sich als »Schaf« kritiklos von den »Hirten« leiten zu lassen. Am Alten, am Richtigen, am Bewährten festzuhalten, ist im Extrem das Anliegen z.B. des Ex-Erzbischofs *Lefevbre*, der es bis zum Bruch mit Rom kommen ließ. Allerdings muß man zugeben, daß die Kurie selbst eine Fülle von Signalen gibt, daß auch sie nicht voll hinter der konziliaren Entwicklung steht bzw. vor ihr Angst hat.

Damit rühren wir an ein psychologisches Problem, den *Widerstand*. Dieses Phänomen ist aus den Prozessen der Psychotherapie geläufig: Widerstand gegen eine Vorwärtsentwicklung, gegen den Durchbruch nach oben; ein Zurückschrecken gerade dann, wenn ein neuer Fort-Schritt angebahnt ist und man dafür reif wäre. Man könnte in seinem Entwicklungsprozeß aus einem altgewohnten, vertrauten – aber eigentlich kindhaften – Lebensraum in einen neuen Lebensraum des Erwachsenseins treten mit eigener Entscheidung und Verantwortung für sein Leben. Aber der

125

neue Raum ist noch dunkel, ist unbekannt. Wer weiß, was einen da erwartet? Ängste tauchen auf, die Vorwärtsbewegung wird gestoppt. *Stehenbleiben aber ist bereits Rückschritt* im Prozeß der Entwicklung. Hier erkennen wir wieder die von *Gebsattel* so treffend genannte »Werdescheu«. Sie ist typisch für viele Neurosen und auch für die »paternistische Neurose« unserer kirchlichen Struktur.

Es ist immer wieder beeindruckend, mit welch großem Einsatz von Kräften an alten, für falsch erkannten Verhaltensweisen festgehalten wird; an alten aus der Kindheit stammenden Gefühlen und Informationen und Meinungen. Und das, obwohl man sie als Quellen von Störungen und Leiden kennt und weiß, daß sie längst nicht mehr lebens-zeit-gemäß sind. Da ist zwar der – bewußte – Wunsch, ein neues Verhältnis zu sich und der Welt zu gewinnen, Konflikte abzubauen, auf den Boden der Realitäten zu kommen, kurz: daseins-gerecht zu sein (Daseinsgerechtigkeit ist bei Thomas von Aquin die Tugend der Klugheit). Aber wenn die Erfüllung dieses Wunsches vor der Türe steht, dann setzt der – unbewußte – Widerstand ein. Dann werden alle Hebel in Bewegung gesetzt, die Verwirklichung des bewußten Wunsches zu stören und zu verhindern.

Man muß fragen, warum der Mensch, der doch an seiner Neurose leidet, sich so paradox verhält. Er muß dadurch wohl einen Gewinn haben. Es war schon die Rede von »Verliebtheit« in die Fehlhaltung der Neurose. Ich glaube, der Hauptgewinn liegt vor allem darin, daß am Ende alles so geblieben ist, wie es immer war; wie es bekannt und vertraut ist – obwohl leidverknüpft. Die alte, in der Kindheit gewonnene Lebensanschauung ist wieder hergestellt. Man muß nicht umdenken. Alles hat wieder seine alte Ordnung.

So kommt es zu dem anders schlecht verständlichen Verhalten, daß das Unbewußte der Menschen es geradezu darauf anlegt, die Niederlagen zu provozieren, die Konflikte, Leiden an der Umwelt, die der bewußte Wille vermeiden möchte. »Ich will doch gesund werden!« Das ist die eine Seite. »Ich halte dennoch fest am Altvertrauten!« Das ist die andere Seite, die der meist siegreichen Neurose. *Alfred Adler* formulierte dies Verhalten treffend: »In der Neurose läuft man seinen eigenen Ohrfeigen nach.«

Aus diesem Widerspruch von bewußtem und unbewußtem Wollen ist zu verstehen, wenn in unserer Kirche so viel Gegensätzliches nebeneinander steht. Um nur ein bekanntes Beispiel zu erwähnen: Da stellt der Papst klare Thesen über die Würde der Frau auf – und daneben steht die strikte Weigerung, sie an den Kultfeiern mitgestaltend in Erscheinung treten zu lassen. Sogar als Ministrantinnen dürfen sie nicht tätig sein; oder gar auf der Kanzel oder am Altar. Man vergleiche das mit der Stellung der Frau in der alten jüdischen Synagoge. Das alles ist paternistische Neurose. Und die Gläubigen emigrieren, jetzt auch die Frauen, die doch früher die Kirchenbänke füllten. Die Hierarchie sieht diesen Schwund mit Sorge – und läuft ihren Ohrfeigen nach.

Aber der allmähliche Entwicklungsvorgang läßt sich auf die Dauer nicht hemmen. Dazu ist zu viel Gesundes auch in der Kirche. Wir dürfen vertrauen, daß es »*von unten*«, aus dem mütterlichen Boden emporwächst. Nicht vom Kreuz auf dem Kirchturm, von oben herab, wird gebaut; sondern von unten her, vom Fundament aus muß sie sich erneuern. Ist nicht das Kirchenschiff, in dessen Mitte der Altar steht, um den sich das Volk versammelt, wichtiger als der repräsentative Turm mit dem schönsten weithin schallenden Geläute?

V. Entfaltung

1. Krankheitseinsicht

Wir alle sind »Kirche«: Hierarchie, Priester und »Volk«. Wir sind betroffen von den Problemen und Schädigungen, die wir mit dem Paternismus in uns tragen. Wir alle leiden mehr oder weniger stark und mehr oder weniger bewußt unter den Folgen einer noch nicht bewältigten und noch nicht beendeten Menschheitsentwicklung. Wir sind unterwegs und noch lange nicht am Ziel.

Überall kann man es lesen und hören: Unsere Kirche befindet sich in einer unübersehbaren Krise. Das wird weltweit deutlich – an »Haupt und Gliedern«. Nun ist »Krise« ein Begriff, der uns auch aus der Krankheitslehre geläufig ist. Das legt die Frage nahe: Ist die Kirche krank? Wenn wir den vorausgegangenen Gedankengängen gefolgt sind, dann müssen wir eingestehen, daß da vieles krank, genauer gesagt: neurotisch ist. Soweit die Menschen von der »paternistischen Neurose« belastet sind, haben sie Jesus in seinem zentralen Anliegen nicht verstanden; sie haben seine Botschaft nicht aufgenommen bzw. tendenziös gehört; sie »schlagen ihn heute noch ans Kreuz«.

Sprechen wir von Krankheit, dann sagen wir nicht »Schuld«. Es fällt mir leichter, die Realität einer Krankheit festzustellen, als jemandem Schuld zuzuweisen. Aber schon *Sigmund Freud* gebrauchte den ausgezeichneten Ausdruck des »Clair-obscur«, des »Hell-Dunkel« für den persönlichen und zu verantwortenden Anteil des Menschen an seiner Neurose: Halb schuldhaft, halb fremdverursacht. Das ist dann die personale Frage jedes einzelnen, wo er in seiner Neurose – und ein jeder hat die seine – mitgewirkt hat und noch mitwirkt.

Sprechen wir von Krankheit, dann fragen wir nach Wegen einer möglichen Gesundung. Aber vor der Therapie steht die Diagnose, und vor der Diagnose die Untersuchung. Im Fall seelischer Erkrankung soll sie zu einer Krankheitseinsicht führen. Die Überlegungen im dritten und vierten Teil dieser Arbeit sind dafür bereits dienlich. Alle, die unter der Krankheit unserer Kirche leiden, sollten sich damit befassen. Enge und Ängste als Krankheitssymptome dürften wohl keinem denkenden Menschen verborgen sein.

Die Aufgabe der Untersuchung und Diagnosefindung ist gar nicht so leicht. Wir schauen viel lieber andere kritisch an als uns selbst. Besonders Menschen, die von Amts wegen eine »Persona–Maske« (vgl. S.121 f.) tragen und dies auch vor sich selbst tun, meinen gern, sie selbst seien unantastbar; bei ihnen sei Kritik keinesfalls angebracht.

Darüber hinaus ist es viel leichter zuzugeben, zu schielen oder einen Herzfehler zu haben, als unter einer seelischen Fehlhaltung, unter einer Neurose zu leiden. Mit der Übertreibung »ich bin doch nicht verrückt« wehrt man jegliche Ein-Sicht ab.

Nun kann mancher Leidende eher zu seiner Krankheit, hier also zu seiner Neurose Ja sagen, wenn er sieht, daß nicht er allein an seiner Fehlhaltung »schuld« ist. Es ist erleichternd zu erkennen, daß Umwelteinflüsse der Kindheit ihn krank gemacht haben. Vielleicht können wir auch als »Patient Kirche« eher Krankheitseinsicht gewinnen, wenn wir verstanden haben, daß es die Denk- und Lebensstruktur des Patriarchats ist, welche die »paternistische Neurose« hervorgerufen hat.

Ein Mensch mit neurotischer Fehlhaltung wird sich schwerlich ändern wollen, wenn er nicht darunter *leidet*.

Aber leidet nicht nur das »Volk«, sondern auch die Hierarchie an der Krankheit der Kirche? Doch was tut sie, was tun wir zu unserer Heilung?

Eine alte psychologische Regel sagt: Wenn dein Verhältnis zur Welt gestört ist, und wenn du darunter leidest und das zu ändern trachtest, dann fange bei dir selbst an. Fang damit an, dein Verhältnis zu dir selbst zu überdenken, zu pflegen wie man etwas Krankes pflegt, um es zu heilen. »Das Verhältnis zu dir selbst« ist nach *Sören Kierkegaard* das »Selbst«. Ist nicht die Lebensaufgabe eines jeden von uns die Selbstfindung? *Sie ist letztlich identisch mit der Selbstliebe.* Darüber, daß das Verhältnis der Hierarchie zum Volk der Kirche gestört ist und als Antwort darauf auch das Verhältnis des Volkes zur Hierarchie, darüber besteht leider kein Zweifel. Müßte nicht auch die Hierarchie bei sich selbst mit der Innenschau anfangen? Wird sie je dazu bereit sein? Aber beginnen wir bei uns selbst.

2. Zehn sehr persönliche Fragen zur Überprüfung

An Vorschlägen mangelt es nicht, was weltweit alles zu tun sei, um der Not zu begegnen. Ich hoffe, es kann eine kleine Hilfe sein, folgende zehn Fragen zu überdenken, zu meditieren – nicht abzuhaken –, damit jeder in etwa sehen kann, wo er steht, und von welcher realen Basis er ausgehen kann, wenn er an Entfaltung seines Seins denkt.

1. Wir haben von dem »Dunklen Gott« gehört, von der ängstigenden Vorstellung eines möglicherweise strafenden Richters, der die Spreu vom Weizen trennt und ins Feuer wirft. Bedrängt auch mich die bange Frage: Gehöre

ich auch zur Spreu – mit all meinem Ungenügen? Ist meine Unordnung als Beleidigung eines Ordnungsgottes der Verdammung verfallen? Habe ich also Angst vor Gott, obwohl ich so sehr seine Güte beschwöre und herbeiflehe? Ist sie mir wirklich Heils-Gewißheit? Oder glaube ich zwar mit meinem bewußten Denken an den barmherzigen Gott; aber aus meinem dunklen Unbewußten steigt dennoch Angst hoch – etwa vor Tod und Gericht?

2. Wenn ich Angst habe: Wie gehe ich mit meinen Ängsten um? Bin ich Herr über sie oder lasse ich mich von ihnen motivieren oder gar beherrschen? Versuche ich, mich gegen sie abzusichern? Wie schauen meine Absicherungen aus? Heißt es bei mir: »Ich trau mich nicht«? Welche Art Menschen wehre ich ab? – Wovor schließe ich mich ab? – Bin ich offen für Neues? – Ich weiß, Glauben ist Vertrauen; und Vertrauen ist Wagnis – wie auch die Liebe Wagnis ist. Wie gehe ich mit dem Wagnis des Lebens um, mit dem Wagnis, das Leben selbst in die Hand zu nehmen, zu entscheiden, zu verantworten?

3. Sichere ich mich ab mit Leistungen, die mir Gott vergelten möge? Sammle ich Verdienste für die »Fahrkarte in den Himmel«? – Bin ich Perfektionist? Kontrolliere ich, soweit das geht, all mein Tun und Denken? – Habe ich Angst vor mir selbst? Vor dem Kreatürlichen, dem Erdhaften, dem Dunklen in mir? – Halte ich mich fest an einer ritualisiert konventionellen Religionsausübung?

4. Wie stehe ich eigentlich zu meinem Leib und zu meinen Sinnen? Denke ich: »Ich *habe* einen Leib« – oder spüre ich: »Ich *bin* Leib«? Bin ich gespalten in Geist-Seele einerseits und Leib andererseits? – Kenne ich das: Ich fühle mich wohl in meiner Haut? – Bin ich unbefangen meinem Leib gegenüber oder schaue ich lieber nicht so genau hin? Wie

sehe ich meinen Mann und Partner an bzw. meine Frau und Partnerin? Mit offenen Augen? Bin ich verkopft oder verstehe ich, was es heißt: Leben aus dem Bauch? Leben aus der Mitte?

5. Fällt es mir schwer anzuerkennen, daß Mann und Frau aufeinander verwiesen sind und damit in gewisser Abhängigkeit stehen? Verletzt das meinen Stolz oder das schöne Bild, das ich von mir haben möchte? – Beeinträchtigt diese Haltung meine Einstellung zu auftauchenden Gefühlen? – Habe ich vielleicht Angst vor Gefühlen und meine, sie machen verletzbar?

6. Empfinde und behandle ich meine Frau, meinen Mann, als gleichwertigen Partner? Als gleichberechtigt? Oder gestehe ich ihm oder mir mehr Rechte zu? Warum? – Mache ich die Berechtigungen abhängig von irgendwelchen Leistungen, Tüchtigkeit, Geldverdienen? Ist er/sie mein Besitz, über den ich verfügen möchte? Poche ich in der Gemeinschaft auf Rechte und Pflichten? Ordne ich mich unter, weil es bequemer ist, oder weil ich dafür Geborgenheit finde?

7. Wie ist das mit meiner eigenen Meinung? Erlaube ich mir, kritisch zu fragen, ob die Menschen, die sich mir gegenüber als Autorität fühlen, recht haben? Oder halte ich etwas für richtig, weil es doch »immer so war«? Oder weil Autoritäten meiner Kindheit etwas gesagt, verboten, erlaubt haben? – Wehre ich mich gegen Neuerungen des Denkens? Sagt man, ich sei rechthaberisch?

8. Im Vorausgegangenen ist viel von Macht die Rede gewesen. Worin begegnet mir mein eigenes Machtstreben? Fühle ich mich gekränkt, wenn ich mich ein- oder gar unterordnen muß?

Sollte ich einmal über das Persona-Problem bei mir nachdenken (vgl. S. 121 f.)?

9. Meine ich, es gibt nur *einen* Weg zum Heil? Bekämpfe ich andere Meinungen, sind sie bedrohlich? Oder lasse ich auch andere Meinungen gelten, obwohl ich sie für mich für falsch halte? Wie steht es mit meiner Einstellung zu Pluralismus und Toleranz?

10. Wie ist das mit meiner Selbst–Liebe, Selbst–Achtung, Selbstförderung und meinem Selbst–Schutz? Habe, nehme ich mir Zeit *für mich?* Was gönne ich mir? Muß ich nützlich sein, um vor mir bestehen zu können? Erlaube ich mir, der zu sein, der ich bin, oder möchte ich in erster Linie die Erwartungen anderer erfüllen?

Wenn jemand sich Zeit nimmt, diese Fragen ernsthaft zu überdenken, dann ist die damit angeregte Selbst-Kritik nicht zerstörerisch, sondern konstruktiv, hilfreich. Alle Fragen stehen in besonderer Weise in Zusammenhang mit den Problemen des Patriarchats. Alle gelten aber nicht nur für Männer. An der paternistischen Störung leiden wir *alle*. Möglicherweise geht uns auf, daß die Enge unseres Denkens und unserer Lebensführung nicht gottgewollt ist, nicht richtig ist, nicht gegen äußere oder innere Strebungen nach größerer Weite und Entfaltung verteidigt werden muß. Es ist gewiß ein Irrtum zu glauben, Enge sei Nachfolge Jesu.

3. Leben von innen

Manche Seelsorger denken, dem seelisch Kranken helfen zu können, wenn sie ihm den Rat geben: Du mußt nur *glauben.* Sie spüren da etwas ganz Richtiges. Würde, könnte dieser Mensch Gott vertrauen, dann wäre er gerettet aus seiner Verzweiflung. Aber gerade zu solchem Vertrauen ist dieser Hilfesuchende nicht fähig. Wurde er doch beispielsweise in früher Kindheit in seinem Ur-Vertrauen verletzt. Voller Mißtrauen hat er nun Angst vor der Welt; vor neuerlichen Enttäuschungen, die so weh tun. Darum flieht er in Isolation. »Du mußt nur glauben!« Er verläßt das Seelsorgegespräch verzweifelter als er – mit zager Hoffnung – gekommen ist.

Ebenso bringt es das Volk der Kirche, dem in der Verkündigung so viel Angst vor dem strafenden Gott gemacht wurde, nicht näher zum heilenden Gott Jesu, wenn die Priesterkirche sich lediglich an den *bewußten Willen* richtet. Das hat Jesus auch damals nicht so gemacht. Man kann nicht »von oben« diktieren, was »von unten« geglaubt (Fürwahr-Halten und Vertrauen sind zweierlei) oder gelebt werden soll. Das ist schon im Kindergarten nicht mehr möglich. Die Fähigkeit des Herzens zu vertrauen wächst um kein Haar.

Auch moralische Appelle z.B. gegen die Pille sind kein Heilmittel in der Vertrauensnot. Wenn eine zentralistische Kirchenregierung meint, mit gefordertem Gehorsam eine Führungskrise, die letztlich eine Vertrauenskrise ist, überwinden zu können, dann ist das ein Widerspruch in sich, der zum Scheitern verurteilt ist.

Ein Gespräch über Glaubensfragen oder auch über die Not zu glauben, hat nur dann Sinn, wenn auch widersprüchliche Meinungen geäußert werden dürfen (!); wenn die Teilnehmer einander ernst nehmen und aufeinander hören. Dann wissen sie auch, daß man vieles *so* sehen kann, aber auch *anders*. Ein solches Gespräch kann bewußtseinserweiternde Informationen bringen und zu mancher Klärung verhelfen. Wenn nicht – wie üblich – die Menschen nur das hören und tolerieren, worin sie sich selbst bestätigt finden.

Wissenschaftliches Denken, Reden und Diskutieren ist gut. Aber vom Intellekt her wird die Fähigkeit zu glauben und zu vertrauen nicht wachsen; wird die Angst vor dem strafenden Gott nicht verschwinden. Was aus dem Kopf gesprochen wird, das kommt meist auch nur im Kopf an. Aber die Angst vor Gott sitzt in der Mitte unseres Seins. »Credo«, ich glaube, soll sagen »Cor do«, ich gebe mein Herz. Diese Hingabe wird nicht ermöglicht, sofern nur der Intellekt angesprochen wird; ebensowenig, wenn eine Autorität zum Gehorsam verpflichtet. Mit autoritärem Gehabe und Führungsstil kann die paternistische Angst vor Gott oder die Enge der Lebensführung nicht erlöst werden. Das ist doch wohl einzusehen.

Meines Erachtens sind mehrere innere Wandlungen notwendig; ohne sie wird unsere Kirche in dieser Struktur keinen längeren Bestand haben. Eine erste betrifft die *Überwindung der Angst vor dem Dunklen*, vor dem Erdhaften. Die zweite das *Leben von innen*. Sie hängen beide mit dem Wandel vom Matriarchat zum Patriarchat engstens zusammen.

Wir sollten den Mut haben, uns dem Dunklen zu stellen, es anzuschauen – auch in uns selbst. Können wir nicht die dualistisch angelernte Voreingenommenheit, das Dunkel für böse zu erachten, endlich hinter uns lassen? Wieviel Gutes schlummert und wirkt im Dunkel! Aus dem Dunkel der Erde kommen die Kräfte des Lebens, sie werden »hervorgebracht«. Erdstrahlen haben Einfluß auf den Körper und auf das Gemüt; wie die Kräfte des Kosmos. – Erdhaft-chthonisch ist der weibliche, der mütterliche Lebensraum, soweit er sich von dem des Mannes unterscheidet. »Erbarmen« ist ein Begriff des Mütterlich-Erdhaften. Das Dunkel der Höhle gibt Geborgenheit, ermöglicht Regeneration.

Das Dunkel gebiert auch das Licht; wie die Nacht den Tag; wie die Große Mutter den strahlenden Sohn. Aus dem

Schoß der Erde kommen Schätze: Das köstliche Wasser, ohne welches kein Leben wäre; wuchernde Fruchtbarkeit, von der wir uns nähren; mannigfaltige buntblühende und duftende Blumen, an denen wir unsere Freude haben; Steine, mit denen wir unsere Häuser bauen; Metalle, die wir als Reichtum der Zivilisation nützen.

Das erdhafte Dunkel ist auch in uns selbst: Dunkles Ahnen der Instinkte; erdhaftes Wissen weiser Frauen; dunkles Drängen und Streben zur Fülle des Erlebens; kreatürliches Wünschen und Genießen; der Hort des Unbewußten, der alles Erfahrene sammelt und bewahrt. Ein großer Reichtum in mir. Das alles bin auch ich.

Auch spontane Gefühle entsteigen dem inneren Dunkel: Sympathie oder Ablehnung, für die wir rationale Gründe erst suchen müssen, um uns bewußt zu verstehen. Dann die Spannungen zwischen Mann und Frau, unsere autonome Sexualität; Hingerissensein von der Aus-Strahlung eines Gegenüber. Im Dunkel lauern aber auch unsere Ängste und unsere Schuld – und auch das bin ich.

Aus dem Dunkel des Unbewußten kommen auch all unsere Träume des Schlafes. Sie geben oft Kunde von dem Geschehen »unten im Keller«. Aber manche haben die Türe zur Kellertreppe fest verriegelt. Dann zeigt das eine gestörte Beziehung zu den Lebensräumen, auf denen unser bewußtes Sein ruht. Dafür hat man den treffenden Bildvergleich gefunden: Das Unbewußte ist wie bei einem Eisberg der Teil, der unter der Meeresoberfläche ist, der große Teil, von dem der sehr viel kleinere des Bewußtseins getragen wird.

Ein zweites Streben zur Überwindung der paternistischen Neurose unserer Kirche ist das nach dem *Leben von innen*. Zu ihm sollten die Christen sich ermutigen und ermutigt werden. Was ist damit gemeint? Ein Kind wird überwiegend von außen geleitet. Bis es lernt, auf eigenen Füßen zu stehen, ist es un-selb-ständig. Das ist im körperlichen

Leben so wie im geistigen. Erst sind es die Eltern, die sagen, wohin es gehen soll, was gut und recht ist und was ungut und falsch; was das Kind tun darf oder soll, und was schädlich ist und verboten. Erst mit dem Heranreifen, mit dem Wachsen der Kritik lernt der Mensch, selber zu beurteilen. Er muß nicht mehr die Weisung von außen suchen, sondern er orientiert sich mehr und mehr nach innen. Der »innere Chef«, das Gewissen, übernimmt die Führung. Eltern und Autoritäten geben mehr eine beratende Hilfestellung. Das Resultat ist der mündige Mensch.

Leider sah und sieht unsere Kirchenleitung sich immer noch nicht berufen, zur Mündigkeit der Christen zu ermutigen. Im Gegenteil werden vielfach jene als gewissenhaft bezeichnet, die ihr Tun und Lassen prüfen an den Weisungen der Autoritäten und des Gesetzes. Ja sogar der Papst scheint es für richtig zu halten, daß die Gläubigen nach außen (und »oben«) fragen, was sie sollen oder nicht dürfen. Diese Art von »Gewissenserziehung« fixiert jedoch in kindhafter Unmündigkeit. Und die Priesterkirche fühlt sich aufgerufen, nach den Weisungen der Kurie »die Gewissen zu erleuchten«. Man vergleiche die sich wiederholenden Auslassungen über die Empfängnisverhütung und erkenne den von keiner Sachkritik beirrbaren Willen, die Enzyklika Humanae vitae zum »fundamentalen Eckpfeiler der christlichen Lehre« und zum Gegenstand des Glaubens zu machen.

Das »Leben von außen« hat für ängstliche Charaktere einen nicht unbeträchtlichen Sicherheitsquotienten. Während man bei der Orientierung nach innen immer der Gefahr des Irrens ausgesetzt ist, trägt bei der gehorsamen Orientierung nach außen die Autorität die Verantwortung für die Richtigkeit ihrer Weisungen.

Die Ängstlichen fürchten, für ihre Irrungen verantwortlich gemacht (vor welchem Gott?) und bestraft zu werden. Befolgen sie hingegen die Gesetze, dann sind sie gewissenhaft und in Ordnung und liebe, wenn auch unmündige Kinder.

Wir hören recht, es geht hier um die Vorstellung des Gottes der Ordnung, um eine Religion der Gesetze, um Absicherung gegenüber einem bedrohenden Richter. Also um all das, wogegen Jesus aufgestanden ist. Und wir verstehen, weswegen dies »Leben von innen« so wichtig ist. Offen zu sein für seine Verkündigung bedeutet Befreiung aus der Enge, führt zu Entwicklung und Entfaltung. Damit uns das gelingt, müssen wir wagen, uns auf die eigenen Füße zu stellen; müssen wir den Irrtum wagen, der immer möglich ist, sofern wir uns nach dem persönlichen Gewissen orientieren. *Unter Ausschluß der Sünde ist kein Reifen möglich.* Denn Leben birgt immer die Möglichkeit des Irrens und Fehlens und Versagens in sich.

Als Motivation, um das »Leben von innen« einzuüben und zu gewinnen, genügt meist nicht, einen eventuellen Leidensdruck der Neurose mit diversen Krankheitssignalen loswerden zu wollen. Man braucht etwas Lockendes, für das es sich lohnt, die Mühe, das Wagnis auf sich zu nehmen. Der Gewinn könnte sein: Ich bin mit mir einig; ich fühle mich wohl in meiner Haut; ich freue mich an den Früchten der Kontakte, an dem Reichtum, der mir zuteil wird, wenn ich mich erfahre als Teil eines Großen und Ganzen, als anteilnehmend; ich finde mein Selbst, das will heißen, in der Selbstliebe, in einer freundschaftlichen Beziehung zu mir selbst; und dann zum Du. Aber der Weg zur Selbstliebe ist ein langer Weg, bei dem man zu den Vor–Phasen des Egoismus als vorübergehenden Phasen Ja sagen muß, um zu lernen, für sich selbst zu sorgen. Es lohnt, über die praktischen Inhalte der Selbstliebe nachzudenken; auch über das Ja zur Freude.

Und die jahrhundertelange Übung der Askese in Selbstverleugnung? Die Überwindung des Ich ist erst dann ein mögliches Thema, wenn ich mein Ich entwickelt habe. So

ist die Heilung der paternistischen Neurose *die Voraussetzung einer organischen Askese.*

Ebenso ist es notwendig, daß wir erst den Weg nach
innen finden und gehen, um dann aus dem Innen leben
zu können. Es ist immer ein Weg der Stille. Wir brauchen
viel Geduld in treulicher Übung. Wir brauchen Zeit, die
wir uns *nehmen* müssen, da wir ja meist keine Zeit *haben;*
Zeit, alle zerstreuenden Gedanken beiseite zu lassen; Zeit,
in sich hineinzuhorchen – in das Dunkel – in eine uner-
wartete Helle; Zeit, sich zu vernehmen, seiner mit-inne
zu werden (zu meditieren); Zeit, um in die Tiefe zu tauchen, außerhalb derer es keine mystisch lebendige Be-
gegnung gibt. Die Zeit der Stille ist für die Erneuerung
der Kirche eine große Hilfe, für die Erneuerung eines
jeden einzelnen.

Vielleicht lernen wir, uns vertrauensvoller zu verstehen als
die von Gott bedingungslos Angenommenen, als die ohne
Vorleistung Geliebten. Dann können wir uns lösen von
unserer Faszination durch all unsere Unvollkommenhei-
ten, Schwächen, Fehler und Sünden, von dem Mißtrauen
gegenüber unserer menschlichen Hinfälligkeit. Von dem
Gott Jesu her, der uns bejaht, dürfen wir Vertrauen haben
zu uns selbst. Und dies Vertrauen wirkt sich auf all unsere
Beziehungen aus: von der Beziehung zu uns selbst auf die
Beziehung zu unseren Mitmenschen, auf die Beziehung
zu unserem Leben und zum Herrn unseres Lebens.

Aber Vertrauen ist ein empfindliches Pflänzchen. Und einem Menschen der Angst und des Mißtrauens von der
Güte und Barmherzigkeit Gottes zu sprechen, ist ihm leicht
wie blutleere Literatur: »Die Botschaft hör ich wohl, allein
mir fehlt der Glaube.« Es braucht meist lange Jahre gedul-
diger Zuwendung, bis Vertrauen keimen und wachsen
kann.

4. Rückkehr zum Matriarchat? – Partnerschaft

In der Entwicklung des Einzelmenschen von einer Lebensphase zur nächsten treten an der Schwelle häufig Krisen auf. Wir sprachen bereits von der Regressionstendenz aus Angst vor dem neuen, noch dunklen Raum.

Wenn nicht alle Zeichen trügen, befindet sich auch unser Kulturkreis in einer Krise – nicht nur die Kirchen. Wir dürfen hoffend fragen, ob sich möglicherweise weltweit eine neue Entwicklungsphase anbahnt. Ähnlich wie das damals weltweit war, als das Matriarchat durch das Patriarchat abgelöst wurde.

Wir haben matriarchale Zeiten und patriarchale Zeiten als Entwicklungsstufen angesehen wie die Kindheit im Schoß mütterlicher Geborgenheit und dann bewußter werdendes Ich, beginnende Pubertätsreifung mit der kritischen Ablösung von den elterlichen Autoritäten. Wir sahen die Abwertung der Muttergottheiten und des Weiblichen überhaupt als Pubertätsphänomene. Und wir erkannten die paternistische Voreingenommenheit gegenüber der Frau als schwer überwindbares Hindernis, die jesuanische Verkündigung des mütterlichen Vaters anzunehmen.

Noch eine geschichtliche Rückbesinnung: Unter dem König *Josia,* also etwa 600 Jahre vor unserer Zeitrechnung, wurde in der sogenannten deuteronomischen Kulturreform ein betont patriarchales und geistiges Gottesbild ausgeprägt. Damit wurden all die der jüdischen Religion fremden Kulte der Götter und Dämonen ausgemerzt. So wurden auch die Kananäischen chthonischen Muttergottheiten entwertet und verdrängt bis zur Vergessenheit. Wie alles aus dem Bewußtsein Verdrängte bekamen sie den Charakter des Fremden und Unheimlichen, des Bedrängenden aus dem Dunkel, des Unbekannten, Gefährlichen, ja Dämonischen. Bei der Neuredaktion der Heiligen Schrif-

Grabschlußstein aus Castelluccio/Sizilien, Archäologisches Institut, Syracus. Die Darstellung zeigt das Weibliche, das sich dem Männlichen entgegenkommend öffnet – Vulva und Vagina dem eindringenden Phallus –, den Schoß der »Großen Mutter«, der Mutter-Erde, geöffnet dem in sie heimkehrenden Toten. Das Weibliche ist nicht nur in dem aufnehmenden Schoß dargestellt, sondern auch in den zwei Spiralen. Man kann sie als Bild der Brüste, der vollkommenen Rundheit erklären. Dann wäre es ein Bild für die lebensspendende Liebe, den Lebensfluß der Nahrung, der Gnade ohne Anfang und ohne Ende – wie der Kreis, wie die Kugel ohne Anfang und ohne Ende ist. Aber hier geht es um noch mehr: Das Wesen der Spirale ist aus ihren zwei Wegen zu erkennen. Da ist einmal der Weg nach innen als Weg zu sich selbst, ein Integrationsprozeß; und zum anderen der Weg nach außen als suchende Pilgerreise. Beides sind Wege zum Göttlichen, zu Tod und Auferstehung.

Das dem Weiblichen partnerschaftlich Gegenüberstehende, das Männliche als ergänzendes Prinzip, erschöpft sich in der Darstellung nicht im Bild des eindringenden Phallus. Auch er ist paarig gestaltet und hat seine Wurzeln in zwei Kugeln. Man mag an Hoden denken, Bilder der Fruchtbarkeit, oder an Blumenzwiebeln im Erdreich, aus denen das Leben wächst. Auffallend ist in der Darstellung des Weiblichen wie auch des Männlichen der senkrechte Spalt in der Mitte. Das ist wie ein Spalt zwischen zwei nahe zueinandertretenden Felswänden. Wenn man hindurchschaut, ist der Raum gleichsam jenseits, der jenseitige Raum in geheimnisvollem Dunkel. Vereinigung und Geheimnis – Geheimnis der Vereinigung.

ten infolge dieser Reform wurde tunlichst alles eliminiert, was an das frühere Matriarchat und an die Muttergottheiten erinnerte.

Wir haben die Auswirkungen der Abwertung des Weiblichen zur Kenntnis genommen und gesehen, daß der Sieg des Patriarchats zwar ein wichtiger und notwendiger Schritt der Menschheitsentwicklung war, daß er jedoch teuer und mit großen Verlusten an menschlicher Fülle erkauft wurde.

Wir haben die Unterdrückung der Frau, ja, des Weiblichen auch im Mann gesehen bis hin zu den Exzessen der Hexenverfolgung durch die kirchliche Inquisition. Sie berief sich fanatisch auf den Besitz von absoluten Wahrheiten und wies jeden Gedanken, der mit ihren Urteilen nicht übereinstimmte, als häretischen Irrtum zurück. Wer anders dachte, wurde zum Gottesfeind erklärt, wurde verbannt, verbrannt. All dieser Untaten der Machtausübung, die in der Kirche im Verlauf der Jahrhunderte im Namen Gottes begangen wurden, können wir, kann die Kirche nur in Beschämung und Trauer eingedenk sein. Wiedergutmachung, Sühne, wie sie in der Vorstellung der Juden im Blick auf den Holocaust gedacht wird, ist anscheinend dem Denken der Hierarchie noch fremd.

Eine Rehabilitierung der Frau durch die Leitung der Kirche, wie sie wohl möglich und notwendig wäre, gelangt über schöne Worte nicht hinaus. – Aber sie wird geschehen! Sie ist bereits in vollem Gang. Die Frauen sind nicht mehr bereit, Töchter verehrungswürdiger Väter zu spielen. Auch viele Priester genieren sich, den »Herrn Hochwürden« darzustellen. Soll die institutionelle Kirche nicht verdorren, wird sie diese Entwicklung realisieren, anstatt sich an einem veralteten Paternismus traditionalistisch festzuklammern.

Gehen wir also davon aus, daß Matriarchat und Patriarchat zwei Entwicklungsstufen sind, dann schließen wir aus, daß das Rad der Entwicklung zurückgedreht werden kann. Dem Patriarchat gegenüber haben wir heute viele berechtigte Fragen, denn wir kennen es zur Genüge. Würden wir das Matriarchat ebenso gut kennen, dann hätten wir wohl ähnlich berechtigte Einwände.

Das Heil nach allem, was im Patriarchat falsch gelaufen ist, liegt gewiß nicht in einer Rückkehr zu einer mutterrechtlichen Sozialstruktur. Ebensowenig kann in den Ehen das Heil statt in der Vorherrschaft des Mannes nun wieder in einer Vorherrschaft der Frau gesucht und gefunden werden. Vielmehr sollten beide einander Hilfestellung geben zu beidseitiger Entwicklung und Entfaltung. Es geht also bei aller bedeutungsvollen Verschiedenartigkeit um anerkannte und gelebte Gleichwertigkeit und Gleichberechtigung; anstatt der Frau weiterhin die Rolle der Gehilfin, Dienerin oder gar Sklavin zuzuweisen. Nur so ist Partnerschaft möglich. Sie kennzeichnet die nächste Entwicklungsphase der Menschheit: *vom Matriarchat über das Patriarchat zur Partnerschaft.*

Aber Partnerschaft ist gar nicht so leicht zu verwirklichen. Nicht nur die zwischen Mann und Frau, bei der das alteingefahrene Rollenverständnis überwunden werden muß. Wir können auch bei der Kirchenführung beobachten, wie schwer es ist, die vom Zweiten Vatikanischen Konzil beschlossene und verbal oft beschworene Kollegialität zu realisieren. Ein Führungsstil des Mit–Seins statt des Darüber–Seins kann nicht so leicht gewonnen werden. Die Gründe dafür haben wir schon früher angedeutet.

In ebenso großer Not befinden sich viele Eltern ihren erwachsenen Kindern gegenüber. Wie leicht haben Eltern Angst, andere Wege der Kinder seien falsche Wege. Wie viele katholische Eltern müssen erleben, daß ihre Kinder sich nicht mehr mit dieser Kirche identifizieren können und wollen; daß sie beispielsweise auf eine kirchliche Trauung – um der inneren Ehrlichkeit willen – verzichten;

daß sie dann auch ihre Kinder nicht mehr taufen lassen. Das alles ist hart für die Eltern – aber auch für die Kinder. Jede Entfernung geliebter Menschen tut weh, die geistige mehr noch als die räumliche. Aber nur weil diese »Kinder« andere Vorstellungen von Gott und Religion haben, als ihnen von Kirche (und Eltern) vermittelt wurden, deshalb sind sie weder ungläubig noch gar böse oder verloren. Nulla salus extra ecclesiam = außerhalb der Kirche ist kein Heil, das war doch lange Zeit schrecklich gültig. Eltern sollten den Mut gewinnen, sowohl ihren Kindern als auch Gott mehr zu vertrauen. Verstehen und Toleranz gehören bekanntlich zu reifer Menschlichkeit.

5. Integration

Wenn wir von Partnerschaft reden, dann denken wir zunächst an ein Gegenüber. Wir kennen die Regel: Willst du Beziehung verändern, dann fange bei dir selbst an. Wollen wir die Reifungsstufe der Partnerschaft erreichen, dann ist unser Ziel in Hinblick auf uns selbst die Integration.

Wir haben vom paternistischen Denken gesprochen und von seiner Ablehnung all dessen, was man die Welt des Weiblichen nennen könnte. Wir haben auch gesehen, daß dies nicht nur den Mann betrifft. Auch die Frauen sind in der Regel paternistisch vorgeprägt. Das ergibt sich automatisch aus der Milieubeeinflussung in den Elternhäusern, die patriarchal bestimmt sind. Das ergibt sich auch aus unserem Schulsystem, in dem seit der Romantik zunehmend die »Bildung des Herzens« verlorengegangen ist.

Weiterhin haben wir noch die Thesen des *Mani* im Ohr und die Lehre von der Gespaltenheit des Menschen, die wir von den Vätern des Dualismus übernommen haben.

Diese Gespaltenheit kennt besonders die ältere Generation noch gut in ihrem Lebensgefühl. Geist–Seele gegen den Leib; oben gegen unten; hell gegen dunkel; gut gegen böse; männlich gegen weiblich; Verstand gegen Gefühl. Aber auch rational gegen musisch und phantasievoll; rechnerisch gegen kreatürlich und kreativ; zupackend gegen vernehmend. Jeder kann diese dualistische Reihe noch verlängern aus seiner eigenen Lebenserfahrung. Man weiß, daß das Funktionieren wichtiger genommen wird als die spontanen Einfälle; daß das Zweckdenken mehr gefragt ist als das Spiel der Sinne; daß das Erobern und Gestalten höheren Kurswert besitzt als das Behüten und Bewahren. Letztlich gilt eben doch, daß der Mann mehr wert ist als das Weib.

Macht nun der Dualismus aus diesen Verschiedenheiten ein Entweder–Oder, so sucht die Integration nach einem Sowohl–als–Auch. Statt eines unfruchtbaren Gegeneinander von Männlichem und Weiblichem suchen wir nach dem Miteinander, nach der Vereinigung der Gegensätze, nach Ergänzung, nach Ganzheit. Was vielfach unfrei machende Enge des Denkens, ja, des gesamten In–der–Welt-Seins war, wird dann zur großen Weite. Was Verlust war, mit dem vor Zeiten die Errungenschaften des Patriarchats erkauft wurden, das wird – neu gewonnen – wieder Vermehrung und Bereicherung des Seins. Die Schätze des vergangenen Matriarchats sind noch immer als Möglichkeiten gegenwärtig. Sie wollen gesucht, gefunden, möglicherweise ausgegraben, eventuell erobert werden.

Frau und Mann sind ganze Menschen, so wie im Genesis–Mythos Gott beide als Mann und als Frau gemäß seiner göttlichen Ganzheit geschaffen hat. Als ganze Menschen tragen beide Weibliches *und* Männliches in sich. Und beides soll miteinander eins werden, so wie in Gott beides wirkt und eins ist: Die Macht des Schöpfers und die erbarmende Liebe.

146

Erinnern wir uns der mittelalterlichen Bilder vom Herrscher: das Schwert oder das Szepter in seiner Rechten, die Kugel bzw. der Reichsapfel in seiner Linken – Symbole von männlicher Kraft und weiblicher Gnade. Oder denken wir an die »Waffen zur Rechten wie zur Linken« bei Paulus: das kämpfende Schwert und der schützende, bergende Schild. In unserem gewohnten Rollenverständnis nennen wir die eine Seite, die des Herzens, die »weibliche« und die andere, die zupackende, nennen wir die »männliche«. Entsprechen doch beide gewissen geschlechtsspezifischen Affinitäten. Kopf und Herz, Kraft und Weichheit, Macht und Gnade werden als charakterliche Eigenschaften eher mehr dem Mann oder eher der Frau zugeordnet. In einem ganzen Menschen sollte aber beides integriert und entwickelt sein. Erst dann ist er *ganz.*

Wie Yin und Yang sind also Weiblich und Männlich keine Gegensätze, sondern polare Ergänzungen. Welch ein Unding paternistischen Denkens, daraus einen dualistischen Antagonismus zu machen. Wir alle sind in der »christlichen« Leibfeindlichkeit und dem damit verbundenen Geschlechtspessimismus groß geworden: Schwere Hemmnisse für die Reifungsaufgabe der Integration unter der Flagge des Christentums. Jede Einseitigkeit verletzt die Ganzheit. Hatten die alttestamentlichen Juden in der Entwicklung ihrer Gottesvorstellung vermehrt das Szepter der Macht und das Schwert der Gerechtigkeit gesehen, so gab Jesus dem Gottesbild das Zeichen der Gnade und Barmherzigkeit zurück und verkündete die Ganzheit: den liebenden Herrn und den mütterlichen Vater.

Was unsere eigene Integration betrifft, das Heimholen der polaren anderen Seite, so muß ein jeder zu entdecken trachten, welche Seins-Bereiche bislang zu kurz gekommen sind und in welchen er Entwicklungshilfe braucht. Ich erwähnte bereits die Beziehung zum *Leib,* diesen vielfach geschundenen »Bruder Esel«. Ihn integrierend hören wir Franz von Assisi mit Erstaunen: »Sei gepriesen, Herr, in unserem Bruder, dem Leib. Denn Du schufest ihn als die schönste aller Sichtbarkeiten!« Suchen wir sie, diese Schönheit – trotz all unserer Miseren und Gebrechen – in der Erfahrung unserer Sinne! Bekanntlich sind die fünf Sinne vorzügliche Brücken zwischen Kopf und Leibhaftigkeit. In den vielfältigen Therapien für die Leiden der zeittypischen Gespaltenheit versucht man heute ganz gezielt »die Sinne hell werden zu lassen« (Pfingstsequenz). Man möge sich die Zeit nehmen, gesammelt zu schauen und zu vernehmen, zu riechen und zu schmecken, zu tasten und zu spüren. Jeden Tag gibt es Möglichkeiten, das Sich-Öffnen einzuüben. Sich dafür die Zeit zu nehmen, lohnt sich: Das Erleben wird intensiver.

Wie viele haben Angst vor ihren *Gefühlen!* Bedenken wir, Fühlen ist notwendig für unsere Erfahrung, lebendig zu sein, für die Erfahrung: Ich – jetzt – in der Welt. Die szientistische und rationale Ausklammerung der Gefühle macht das Leben abstrakt. Nur in gefühlsbegleitender Wahrnehmung – zum Unterschied von rationaler Registrierung – erfährt sich der Mensch in seiner Sinnhaftigkeit. Die wirklich wahrgenommene Welt ist notwendig gefühlserfahren und ist damit bereits eine subjektiv gedeutete – und möglicherweise umgedeutete Welt (vgl. die Überlegungen zur »tendenziösen Wahrnehmung«).

Wer z.B. Jesus begegnet – damals wie heute –, nimmt ihn subjektiv wahr, hört seine Worte gemäß dem eigenen Seinsgefüge und Denkvermögen. So wie Verlust des Fühlvermögens bei kompensatorischer Verkopftheit Verlust der Selbstidentität, der eigenen Wirklichkeit und Geschichtlichkeit bedeutet, so wird ein rationalisierter Jesus unwirklich, unwirksam, abstrakt und papieren. Das haben wir alle erlebt.

Müssen die einen ihr unterentwickeltes Fühl-Vermögen entfalten, so gibt es andere, die von ihren Gefühlen völlig beherrscht und manipuliert werden – besonders von den negativen, lebensfeindlichen. Hier wäre es angebracht, gezielt die Vernunft und das kritische Denken zu stärken. Beide sollten sie wie größere Brüder die Schwester (das Gefühl) begleiten, ihr zwar den Vortritt der Spontaneität lassen, aber darauf achten, daß sie sich nicht verirrt; sie beschützen, wenn sie von schwarzen Gedankenvögeln der Angst angegriffen wird.

Zur Pflege des Gemüts empfehle ich vor allem die Volksmärchen. Sie gehen uns alle an, die Erwachsenen mehr noch als die Kinder. Wir müssen sie aber an unser Gemüt heranlassen, anstatt sie zu interpretieren und zu analysieren, wie das vielfach geschieht. Wenn wir auf unser Kopfdenken verzichten, dann können sie hilfreich sein, wie Meditation hilfreich sein kann oder auch Imagination oder ganz einfach das Stille-Sein, das Atmen.

Aber man gebe acht – Zwangscharaktere neigen dazu – Stille mit Grübeln zu verwechseln. Beim Grübeln sind die Gedanken ganz und gar nicht still, sondern fahren Karussell, kreisen ängstlich um die Frage, ob man etwas falsch gemacht hat, oder wie das nun weitergehen soll. Zu einem Ergebnis führt das Grübeln nie.

Geht es in den Märchen nicht auffallend oft um Erlösung? Wo bin denn ich ein Erlösungsbedürftiger – ein Gefesselter? Und geschieht in den Märchen Erlösung nicht meist durch »Liebe«? Ist hier nicht letztlich wieder von Gott die Rede? Wird der Erlöser ein Prinz oder eine Prinzessin sein? Es geht um das große Ja.

Das Ja steht entgegen dem »Geist, der stets verneint«, wie sich Mephisto im Faust definiert; entgegen all den Neins der Ängste; dem Nein zum Leben wie zum Wagnis wie zur Liebe auch zu sich selbst; zum Leid wie zur Freude wie zum Sich-Gönnen. Wieso sollte dies »große Nein« Gottes Stimme oder Gottes Wille sein? Wieso sollte das Nein tugendhafter, richtiger, besser sein als das Ja?

Es gibt viele Möglichkeiten, die weibliche Seite heimzuholen und zu pflegen: Eine besondere ist *Malen*, bei dem es nicht darum geht, etwas leisten, etwas vorweisen zu wollen. Da wäre ja wieder ein »Leben von außen« durch die Hintertür hereingeschlüpft. Man mag sich begnügen mit der intensiven Art zu schauen, mit dem Herzen wahrzunehmen und zu versuchen, das Geschaute wiederzugeben. Landschaften werden mir dann mehr zu eigen; Traumbilder, die ich zu malen versuche, werden verständlicher; Stimmungen werden zum Gegenüber; ich kann gut mit ihnen umgehen. Das Gestalten macht Spaß.

Auch der *Tanz*, vor allem der Gemeinschaftstanz – gerade in seinen meditativen Formen – vermittelt möglicherweise ein volleres Lebensgefühl. Aber es fällt mir auf, daß diese Wege vor allem von Frauen gesucht und begangen werden. Männer, die es ja am dringendsten nötig hätten, wollen vielfach nichts von den mühevollen Wegen wissen, ihre Ganzheit zu gewinnen.

Wer sich fragt, wie er mit sich umgeht, wie er mit sich spricht, der mag unterscheiden, ob er eher wie ein alter Kasernenhoffeldwebel oder eine knöcherne Gouvernante zu sich steht oder wie ein Freund oder eine Freundin. Selbstfindung und Selbstverwirklichung setzen Freundschaft voraus und haben mit lebensnotwendiger Selbstliebe zu tun. Wer umgekehrt sich selbst gegenüber gleichgültig ist oder gar feindlich, wer mit sich umgeht wie mit einem Sklaven, der wird auch kaum Freundschaft oder Partnerschaft verwirklichen können. »Der mag sich ja selbst nicht« sagt der Volksmund.

Es bedarf also einer gewissen Selbstliebe und Integration, um in seinen mitmenschlichen Beziehungen Partnerschaft realisieren zu können. Aber ohne eine Neuorientierung der Werte geht es auch nicht. Denken wir an die paternistische Abwertung des Weiblichen, insbesondere der Frau. Hier umzudenken, wird nicht leicht sein. Die Älteren unter uns erinnern sich vielleicht ähnlich wie ich: Als wir in der Schule Goethes »Hermann und Dorothea« lasen, da kam die bekannte Stelle: »Dienen lerne beizeiten das Weib gemäß seiner Bestimmung«. Damals fand ich diesen Satz ganz in Ordnung. So war das eben. Und unsere Lehrer waren auch ganz einverstanden mit solchem Rollenverständnis. – Was alles hat sich seither gewandelt! Unsere Kinder können über einen solchen Satz bestenfalls lächeln. Dennoch lohnt es sich, unser diesbezügliches Denken und *Fühlen* heute zu überprüfen.

Natürlich sind Männer höflich und Frauen gegenüber zuvorkommend. Sie sind stolz auf ihre beschützende Attitüde. Aber sind Frauen nicht vielleicht doch *nur* Frauen? Frauen, die sich selbst ganz unreflektiert einrangieren in die Position der den Mann und die Söhne bedienenden Mutter oder des hilfsbedürftigen Kindes? Es ist nicht leicht, auf seiner Mündigkeit zu bestehen oder umgekehrt, den Partner/die Partnerin als gleichberechtigten, selbständigen und mündigen Menschen zu akzeptieren. Wir bemuttern und bevatern doch recht gern, besonders wenn wir sehen, wie sehr der Partner/die Partnerin das auch genießt. Oder wir lassen uns als Pascha bedienen.

Soweit Männer und Frauen überhaupt Interesse daran haben, sich menschlich weiterzuentwickeln und zu entfalten, soweit sie nicht lieber bequem alles beim alten lassen wollen, bedarf es der Hellhörigkeit, Aufmerksamkeit und Bereitschaft, sich zu korrigieren. Vielfach müssen neue Gewohnheiten die alteingefahrenen ablösen, und das braucht Zeit. Aber es lohnt sich, das verwöhnte Kind hinter sich zu lassen und erwachsen zu werden. Nicht nur die Familie wird aufatmen.

Hier möchte ich ganz besonders auf die Möglichkeit tiefenpsychologischer Arbeit hinweisen. Sie kann Hilfe sein, Reifung und Ganzheit zu gewinnen. Die Erfahrung zeigt, daß viele diesen mühevollen Weg mit Gewinn auf sich

nehmen. Es geht sich in Begleitung eines erfahrenen Füh-
rers immer noch leichter – als mit sich allein gelassen zu
sein. Für viele ist die Arbeit in einer Selbsterfahrungsgrup-
pe vorzuziehen. Es ist bemerkenswert, daß die Ablehnung
und der affektive Widerstand gegen Psychotherapien desto größer sind, je mehr ein Mensch ihrer bedürftig wäre:
Angst vor dem Dunklen, vor all dem, was »nicht sein darf«,
dessen man sich schämt.

VI. Der andere Gott

1. Maria – mütterliches Bild Gottes

Die Menschheit ist immer unterwegs. Sie steht in einem fortwährenden Prozeß der Entwicklung. Matriarchat – Patriarchat und Partnerschaft kann man als drei Entwicklungsstufen sehen. Gottesbilder, Gottesvorstellungen und Gotteserfahrungen sind analog einem allmählichen Wandel unterworfen.

Das Matriarchat hatte Vorstellungen von weiblichen Gottheiten. Die Große Mutter war Herrin über Leben und Tod. Dienst am Leben war Gottesdienst. Das Patriarchat stellte sich einen oder mehrere männliche Götter vor. Der oberste Gott war ein Weltenordner, ein gerechter Richter, auch ein starker Heerführer. Der Mensch diente Gott in Erfüllung der Gesetze. Jesus durchbrach diese paternistische Gottesvorstellung und verkündete den mütterlichen Vater, der sich ihm geoffenbart hatte. Aber auf Grund der paternistischen Voreingenommenheit und tiefverwurzelten Ängste konnte das Patriarchat ihn nicht voll aufnehmen. Es hätte auf viel Angstabsicherungen verzichten müssen, nicht zuletzt auf Macht.

Schon die Evangelisten hatten innere Hemmnisse, die Botschaft Jesu zu übernehmen. *Karl Herbst* fragt, ob man das Wollen des Herrn auf einen Nenner bringen kann. In seinem Buch »Was wollte Jesus selbst. Die vorkirchlichen Jesusworte in den Evangelien« (Düsseldorf 1981) untersucht er die Evangelien auf diese Frage hin. Das Ergebnis möchte ich kurz zusammenfassen: Jesus verkündete den barmherzigen und liebenden Gott. Alles, was in den Heiligen Schriften damit nicht in Einklang steht, dürfte tendenziöse Wahrnehmung oder Wiedergabe der Evangelisten sein und hat den Herrn mißverstanden. Wenn wir diesen Maßstab an die Evangelien anlegen, hat das erstaunliche Konsequenzen. Es ist eine Frucht des kritischen Denkens, das Unwesentliche vom Wesentlichen zu trennen. Ich halte die Arbeit von *Karl Herbst* für hilfreich für die Wahrheitsfindung in den Evangelien.

Das zunehmende Verständnis für den barmherzigen Gott wächst von der Basis der Gemeinden, Gruppen und einzelnen nach oben als eine Entwicklung, die uns mit Hoffnung und Zuversicht erfüllen kann. Wenn von dem mütterlichen Gott gesprochen wird – gar von einem Papst –, dann erwacht neues Interesse, ebenso wenn der Gedanke der Sophia als ein weiblicher Aspekt der göttlichen Trinität dargelegt wird. Auch besann man sich darauf, daß der »Geist über den Wassern«, daß *Ruach* weiblich dekliniert wird, daß es also eigentlich »die Geistin« heißen müßte. Dazu paßt gut, daß das Geist-Emblem, die Taube, ein altes Attribut weiblicher Gottheiten Kleinasiens ist und vom Aphrodite-Kult in Zypern übernommen wurde. In einer Kirche in Paphos auf Zypern wird Maria heute noch angerufen als die »Panhagia Aphroditissa«, als die allerheiligste Jungfrau Aphrodite. Wie viele alte Quellen- und Brunnen-Heiligtümer, die der Gottesmutter geweiht sind, waren schon in früher Zeit als Kult- und Gnadenstätten der Großen Mutter bekannt: nahtlose Verflochtenheit religiöser Frömmigkeit durch die Jahrtausende.

Auch in der Zeit, als der Schöpfungsmythos der Bibel entstand, war die Gottesvorstellung nicht rein männlich definiert. Sonst hätte es nicht heißen können, daß Gott den Menschen als Mann und Frau nach seinem Ebenbild geschaffen hat.

Ich glaube, man darf sagen, daß im Unbewußten, wenn nicht sogar im Bewußtsein eines jeden Menschen das Verlangen nach einer Gottheit, die nicht nur männlich oder nicht nur weiblich begrenzt ist, wirkt. Dies entspricht dem Ganzheitsverlangen, dem Streben nach Integration, wie es dem reifen Menschen gemäß ist. Nicht dem Kind – in der Menschheitsentwicklung dem Matriarchat – und auch noch nicht dem Pubertierenden – also dem Patriarchat –, sondern eben der dritten Entwicklungsphase, die wir Partnerschaft genannt haben, entspricht jener Prozeß der Integration. Es kommt nicht von ungefähr, daß in diesem Jahrhundert Begriffe wie Individuation, Integration, Selbstfindung und Selbstverwirklichung bedeutsam geworden sind.

Christen konnten sich durch all die Jahrhunderte nicht mit der paternistisch-männlichen Dreiheit Gottes abfinden, in welcher die von Jesus verkündete weibliche Seite zu wenig zum Tragen kommt. Ist es nicht naheliegend, daß die »Mutter der Barmherzigkeit« neben den »allmächtigen Vater« gestellt wurde? Wurde nicht in der Volksfrömmigkeit die Mutter Gottes, die Gottesmutter, wie ein weiblicher Aspekt Gottes angesehen?

Es ist verständlich, daß die Frömmigkeit vieler Christen Maria vorrangig verehrt hat, oft lebhafter und mit wärmerem Herzen als den Vater-Gott. Entsprach eine solche »Mutter der Barmherzigkeit« doch mehr dem »barmherzigen Vater«, den Jesus verkündete, als dem Ordnungsgott der Kirche.

Vielleicht darf man das große Ausmaß der Marienverehrung in der Geschichte der katholischen Kirche als ein Gegengewicht gegen die paternistische Trinität verstehen. Dabei ist bemerkenswert, wie wenig Maria, die Mutter Jesu, in den Evangelien hervorgehoben wird. In den Jahren nach dem letzten Krieg wiesen so manche Theologen auf diesen Umstand hin und schlossen daraus, es sei nicht

Schreinmadonna aus Westpreußen (um 1390), Germanisches Nationalmuseum, Nürnberg. Von Maria geht das ganze Heil für die Menschheit aus. Sie be-in-haltet die Trinität, was in diesem Bild dargestellt ist.

angebracht, Maria eine derart vorrangige Stellung bis hin zur »Vermittlerin aller Gnaden« einzuräumen, wie dies in der katholischen, aber auch in der orthodoxen Tradition geschieht.

Ein Mensch, der bedenkt, daß das Omnia Gottes, daß die heilige Dreiheit, daß der mütterlich-väterliche Gott alles umschließt, unter welchem Namen und in welchem Bild er auch gesucht und angerufen wird, der dürfte wohl keine unüberwindlichen Probleme haben mit all den schönen Liedern und Gebeten an die Mutter. Er wird es auch, ohne dies zu rationalisieren, als eine besondere Anrufung *Gottes* verstehen, wenn er singt und betet: »Salve, regina, mater misericordiae! Vita, dulcedo et spes nostra, salve!« (»Sei gegrüßt, Königin, barmherzige Mutter! Du bist Leben und Wonne und unser Hoffen. Wir grüßen Dich!«)

2. Gotteserfahrung

Wir haben allen Grund, die Entwicklung der Menschheit mit Zuversicht zu betrachten. Obwohl die Welt augenscheinlich nicht besser oder gar gesünder wird, können wir dennoch auch eine Weiterentwicklung beobachten. Mehr als früher ist der Gedanke an Gleichwertigkeit und Gleichberechtigung von Frau und Mann lebendig und damit Partnerschaft ermöglicht. Mehr als früher wird im individuellen Reifungsvorgang die Integration des Männlichen und Weiblichen angestrebt. Mehr als bis vor kurzem öffnen sich viele auch solchen Phänomenen, die sich der groben Ratio entziehen, zu denken ist an Radiästhesie und Biostrahlen, an Astrologie und Traumanalyse.

Vielleicht dürfen wir gewisse Zeichen als Wege zu innerem Umbruch deuten. Sind nicht unsere Hemmungen den Sinnen und Gefühlen gegenüber etwas geringer? Wie stark begegnen wir oft dem Wunsch, der Leiblichkeit mehr bewußt zu werden, Empfindungen zuzulassen – auch im kultischen Raum. Man denke z.B. an Gottesdienste in südamerikanischen oder afrikanischen Ländern, wo Spiel und Tanz Selbstverständlichkeiten sind; oder an kultische Rundtänze von großer Gesammeltheit; oder an das Bewußtwerden des Atems, des geatmeten Gebetes – auch an Meditation, von der vor wenigen Jahrzehnten im kirchlichen Raum kaum die Rede war. Denken wir an die Erfahrungen der Eutonie und der Bioenergetik, vieler gruppendynamischer Vorgänge, die die gestörten Wege zu sich selbst und zur Gemeinschaft heilend öffnen wollen.

Können wir dies alles nicht als Versuch sehen, den unseligen Dualismus und seine verheerenden Folgen der Abspaltungen zu überwinden? Steht da nicht ein neuer Geist der Einung gegen den alten Geist der Spaltung, der Aussonderung: ob Spaltung zwischen Geist und Leib, zwischen Mann und Frau, zwischen den beati possidentes und den armen Irrenden, den Reinen und den Unreinen?

Ich glaube zuversichtlich, daß die Entwicklung positiv weitergeht: vom Matriarchat über das Patriarchat zur Partnerschaft; von der Großen Mutter – über den männlichen Richtergott in drei männlichen Personen – zu dem Gott Jesu Christi, zu dem mütterlichen Vater, der sich offenbart als der, der für uns da ist.

Ich erinnere an den Anfang des Hebräerbriefes: »Viele Male und auf vielerlei Weise hat Gott einst zu den Vätern gesprochen durch die Propheten. In dieser Endzeit aber hat er zu uns gesprochen durch den Sohn... Er ist Abglanz seiner Herrlichkeit und Abbild seines Wesens.« Er ist Fleisch und Blut gewordenes »Wort«, und wer ihn hört, wer sein Verhalten, wer sein Wesen sieht, der sieht den Vater.

Unsere Überlegungen kreisen um Gottesvorstellungen und Gotteserfahrungen. Dabei ist uns deutlich geworden, daß er eben doch immer der »Dunkle Gott« ist, der Verborgene. Aber er erscheint in vielen Transparenzen seines Wesens, *nicht zuletzt im Menschen*. Die klassische Philosophie zählte zu den Transparenzen Gottes das Gute, das Schöne, das Wahre und das Eine. Durch sie hindurch begegnet das Göttliche. Wo wir sie erfahren, machen wir Gotterfahrung.

Er begegnet aber auch im »geringsten meiner Brüder«. Wer kennt nicht die Legende der hl. Elisabeth von Thüringen: Sie barg einen kranken Bettler in ihrem Ehebett; am anderen Morgen lag an seiner Stelle der Gekreuzigte. In Werken der Barmherzigkeit wird der Mensch zum Werkzeug Gottes, er läßt die Güte Gottes erfahren, vermittelt Gotteserfahrung. Denn »wo die Liebe, wo die Güte, da ist Gott«! So singen wir im Gottesdienst des Gründonnerstag.

Die Verkündigung des erbarmenden Gottes, der Ja sagt zu uns, so wie wir sind, ist eine wirkliche Erlösung von lähmenden Vorwürfen – auch Selbstvorwürfe lähmen! – und von Ängsten wegen Ungenügens, vor Gericht und Verdammnis; Erlösung von den Zwängen des Müssens und Nicht-Dürfens; Erlösung aus den Fesseln der Enge. Der Raum wird frei, in welchem wir wie die drei Alten auf der Insel im Russischen Meer uns freuen an einem schenkenden Gott, dessen Gegenwart Realität ist, sofern wir uns ihr öffnen. Der Raum wird frei für unsere Entfaltung.

Ja zum Leben, zum Schicksal zu sagen, überfordert viele. Vielfach liegt es nahe, mit dem Schicksal zu hadern! Dennoch: Unser Hoffen und Vertrauen ist lebendig im Streben nach dem Licht. Zu diesem strebenden Ja können wir uns – auch gegenseitig – immer wieder ermutigen, wenn wir verzagen wollen.

Das Ja zu sich selbst zu gewinnen, ist nicht einfach. Viel freundliche Zuwendung zu sich ist notwendig. Schon

Thomas von Aquin wußte, wie schwer die »acceptatio sui« ist, das Annehmen seiner selbst. Ich weiß nicht, von wem dieses Gebet, dieser Seufzer stammt – es könnte Pascal sein –: »O Seigneur, donnez moi la force et le courage, de contempler mon coeur et mon corps sans dégoût!« (»Herr, gib mir die Kraft und den Mut, mein Herz und meinen Leib ohne Abscheu zu betrachten!«) Wir können dieses Ja nicht vollziehen außer im »Heiligen Geist«: Das Streben selbst wird dann zum Raum der Gotteserfahrung.

Ich bin geboren, um zu leben.

Die Vorstellung von einem Schöpfergott bedeutet, daß er das Leben, mein Leben will.

Er ist ein Gott des Lebens seit Anbeginn.

Er sagt zu meinem Lebendig-Sein Ja.

Wenn ich dem Leben diene, erfülle ich den Willen Gottes.

Es ist Gottes-Dienst, auch wenn ich mein eigenes Leben fördere.

Angst ist lebensfeindlich, läßt erstarren.

Wer vor dem Leben Angst macht, kann sich nicht auf Gott berufen.

Das wäre kein Gott, der das Leben ist, sondern ein Molloch.

Liebe und Gutsein erlösen von Angst, wecken Vertrauen.

Wo die Liebe, wo die Güte, da ist Gott.

Benutzte Literatur

Johann Jakob Bachofen (A. Bäumler, M. Schroeter), Der Mythus von Orient und Okzident, München.

Joachim Ernst Berendt, Nada Brahma. Die Welt ist Klang, Reinbeck 1986.

Otto Betz, Elementare Symbole, Freiburg 1987.

Barbara Blum-Heisenberg, Die Symbolik des Wassers, München 1988.

Rosmaria Bog, Die Hexe, Stuttgart 1988 (sehr reizvoll).

Martin Buber, Das Buch der Preisungen, Heidelberg 1982.

Marga Bührig, Die unsichtbare Frau und der Gott der Väter. Eine Einführung in die feministische Theologie, Stuttgart 1987 (wichtig).

Marga Bührig, Spät habe ich gelernt, gerne Frau zu sein, Stuttgart 1987.

Mary Daly, Jenseits von Gottvater und Sohn & Co, München 1980.

Marianne Dirks (Hrsg.), Glauben Frauen anders? Freiburg 1983.

Mircea Eliade, Geschichte der religiösen Ideen, Freiburg 1981.

»Hexen« in: *Fama,* Feministisch-theologische Zeitschrift 9/1988.

Gustav Flügel, Mani, seine Lehre und seine Schriften, Leipzig 1862.

Sir Galahad, Mütter und Amazonen. Liebe und Macht im Frauenreiche, Berlin 1981 (ersetzt sehr gut den Bachofen).

Viktor Emil Freiherr von Gebsattel, Prolegomena einer medizinischen Anthropologie, Heidelberg 1954.

Heide Göttner-Abendroth, Die Göttin und ihr Heros, München 1980.

Heide Göttner-Abendroth, Die tanzende Göttin, Prinzipien einer matriarchalen Ästhetik, München 1984.

Tatjana Goritschewa, Hiobs Töchter, Freiburg 1988.

Elizabeth Gould-Davis, Am Anfang war die Frau, München 1977.

Rudolf Graber, Maria im Gottgeheimnis der Schöpfung, Regensburg 1949.

Catharina J. M. Halkes, Gott hat nicht nur starke Söhne. Grundzüge einer feministischen Theologie, Gütersloh 1982.

Manfred Hammes, Hexenwahn und Hexenprozesse, Frankfurt 1977.

Karl Herbst, Was wollte Jesus selbst? Die vorkirchlichen Jesus-Worte in den Evangelien, Düsseldorf 1981.

Edith Holliger, Schon in der Steinzeit rollten die Pillen, Bern 1972.

Heinz Hunger, Die Heilige Hochzeit, Wiesbaden 1984.

Siegmund Hurwitz, Lilith, die erste Eva, Zürich 1980.

Carl Gustav Jung, Der Mensch und seine Symbole, Olten 1987.

Otto Karrer, Die Religion in der Menschheit und das Christentum, Frankfurt 1933.

Anna Kent-Rush, Mond, Mond, München 1978.

Marie König, Am Anfang der Kultur, Berlin 1983 (wichtig).

Marie König, in: Weib und Macht, Frankfurt 1979 (wichtig).

Ursa Krattiger, Die perlmuttene Mönchin, Stuttgart 1983 (lesenswert).

Ivar Lissner, Aber Gott war da, Olten 1960 (interessant).

Ivar Lissner/Gerhard Rauchwetter, Der Mensch und seine Gottesbilder, Olten 1982.

Virginie R. Mollenkott, Gott eine Frau? Vergessene Gottesbilder der Bibel, München 1983.

Wilhelm E. Mühlmann, Die Metamorphose der Frau, Berlin 1981.

Christa Mulak, Maria, die geheime Göttin im Christentum, Stuttgart 1985.

Christa Mulak, Jesus - der Gesalbte der Frauen, Stuttgart 1987 (beide Bücher sind wichtig, das erste besonders).

Erich Neumann, Die Große Mutter. Eine Phänomenologie der weiblichen Gestaltungen des Unbewußten, Olten 1987.

H. S. Nyborg, Die Religionen des alten Iran, Osnabrück 1966.

José Ortega y Gasset, Vom Einfluß der Frau auf die Geschichte.

Nikolas Platon, Kreta, München 1977.

Ingrid Riedel, Demeters Suche, Stuttgart 1988.

Alfons Rosenberg, Die Erhebung des Weiblichen. Ordnung und Aufstand der Frau in unserer Zeit, Olten 1959.

Alfons Rosenberg, Kreuzmeditation. Die Meditation des ganzen Menschen, München 1976.

Josefine Schreier, Göttinnen, München 1977.

Hiltrud Steinbart, Am Anfang war die Frau, Frankfurt 1983 (interessanter Bildband).

Gerda Weiler, Ich verwerfe im Lande die Kriege. Das verborgene Matriarchat im Alten Testament, München 1984 (sehr wichtig).

O.G. von Wesendonk, Die Lehre des Mani, Leipzig 1922.

Erika Wisselink, Frauen denken anders, Straßlach 1984.

Hanna Wolff, Jesus der Mann, Stuttgart 1975.

Hanna Wolff, Neuer Wein - alte Schläuche. Das Identitätsproblem des Christentums im Lichte der Tiefenpsychologie, Stuttgart 1981.

Bildnachweis

Georg Baudler
Erlösung vom Stiergott
Christliche Gotteserfahrung im Dialog mit
Religionen und Mythen
436 Seiten. Gebunden mit Schutzumschlag.
In Koproduktion mit dem Calwer Verlag,
Stuttgart

Wer sich den Mythen, den Religionen und
ihren Gottessymbolen öffnen kann, der
nimmt teil am Entwicklungsgang des Menschen
durch die Geschichte.

Auch christliche Gotteserfahrungen und
Gottessymbole erschließen sich im Dialog
mit den vielfältigen Erscheinungen des Heiligen
und Göttlichen in der Kultur- und Religionsge-
schichte. Dieses Buch führt den Dialog. Es trägt
dazu bei, das Religiöse in unserer Erfahrungs-
welt wieder zu entdecken.

Kösel-Verlag München

Heribert Fischedick

Aufbrechen

Schuld als Chance

160 Seiten. Gebunden mit Schutzumschlag

An Schuld können wir zerbrechen oder wachsen, denn Schuld und Schuldgefühle prägen mehr oder weniger jede Biographie.

Gelingt uns der Aufbruch, hinter Schuld und Schuldgefühlen die Sehnsucht nach Reifung und Selbstwerdung zu entdecken?

Mit diesem Buch erleben wir Selbstannahme, realistischen Blick für unsere Situation, Chancen der Reifung und Zukunftsfähigkeit.
Ein wahrhaft humanes Buch der Ermutigung jenseits von Verdrängung und Gewalt.

Kösel-Verlag   München